Helfrich Peter Sturz

Julie

Ein Trauerspiel in fünf Aufzügen

Helfrich Peter Sturz

Julie
Ein Trauerspiel in fünf Aufzügen

ISBN/EAN: 9783743615137

Hergestellt in Europa, USA, Kanada, Australien, Japan

Cover: Foto ©Thomas Meinert / pixelio.de

Weitere Bücher finden Sie auf **www.hansebooks.com**

Julie,
ein Trauerspiel
in fünf Aufzügen.

Mit
einem Brief über das deutsche Theater,
an die Freunde und Beschützer desselben
in Hamburg.

Kopenhagen und Leipzig,
bey Gabriel Christian Rothens Wittwe und Proft.

Meine Herren,

Sie unternehmen es also, das deutsche Theater zu reformiren, unsere Schriftsteller zu ermuntern, unsere Schauspieler zu bilden und zu bessern? Sie getrauen sich auf gute Originalstücke zu hoffen, ohnerachtet man die Klage des Opiz *) noch auf unsere Zeit anwenden kann, daß in der deutschen Sprache, die sich doch sonst etwas wittern will, wenn ich vier oder fünf Stücke ausnehme, durchaus nichts dergleichen an den Tag gebracht worden, das einem Trauerspiel oder einer Comedie ähnlich wä-

Sie wollen alles dieses ausführen,
tscheb todt ist? — Ich bewun-
Muth; Sie verdienen beynahe die
, welche der römische Senat dem
rdnete:
de Republica non desperaverit.
hr, die Erwartung von Deutschland
inge auf Ihre Stadt gerichtet gewe-
es Berlin nicht seyn konnte, da der
ben Lorbeer bey dem Ueberwundenen
er es nicht leiden will, daß wir sie mit
schlagen, Sie, die er mit dem Schwerdt
so ist es Hamburg allein, und glücklicher
kann es die Unterstützung der Großen
en. Sie werden bey dieser Gelegenheit
enheit nicht mißbilligen, mit welcher ich
meine Anmerkungen und meine Wünsche
theilen gedenke, es sind Träume eines pa-
schen Deutschen, die, wie die Träume des
von St. Pierre, wohl nicht bestimmet sind
lt, vielleicht nicht einmal gedeutet zu wer-

Ich wünsche zuvorderst eine Hauptverfol-
g gegen die deutschen Nachahmer zu erregen,
n diesen Geist der Knechtschaft, in welchem

wir an das Mittelmäßige gefeſſelt, ſchon ſo lange einhergehen, wie können wir ein eigenes Theater erwarten, wenn wir ewig überſetzen, und wenn unſere Schauſpieler fremde Sitten mit deutſchen Gebährden ausdrücken ſollen? Wenn wagen wir es endlich einmal zu ſeyn, was wir ſind? Iſt unſere Empfindung des ſchönen nicht durch vortreffliche Schriften unſerer eigenen Landsleute, durch eine ſtrenge und richtige Critik aufgeheitert genug? Sind uns nur allein die Schätze der Alten verſchloſſen? Haben nicht Dichter unter uns die Sprache der Leidenſchaft geredet, und die wahren Töne der ſchönen Natur ausgeſprochen? Iſt nicht einem Deutſchen in der Epopen ein Meiſterſtück gelungen? Dürfen wir nicht wenigſtens auf zwey oder drey Trauerſpiele ſtolz ſeyn? Ich dächte mit der tragiſchen Muſe ſollten wir es weniger als die Franzoſen verderben, denn noch ſind wir frey, noch ſeufzen wir nicht unter dem Joch eines angenommenen Wohlanſtändigen, gegen welches der wirklich erhabene Corneille, der zärtliche Racin, und der oft rührende Voltaire ſich zuweilen vergeblich aufzulehnen verſuchten, wir haben noch kein Parterre, das, wie ihre Frauen vom Stande, mit Vapeurs geplagt iſt, das,

ohne übel zu werden, kein Blut sehen kann, das ihre Helden verdammt, hinter der Coulisse zu sterben, und von einem Römer oder Griechen Manieren des gesitteten Umgangs der letzten zehn Jahre verlangt. Wir sind noch nicht genöthiget alle Handlung in kalte Erzählungen, die Leidenschaften in Gemählde derselben, und den ganzen tragischen Dialogue in eine pathetische Conversation zu verwandeln.

Es ist mir so sehr um den Originalgeist meiner Landsleute zu thun, daß ich der Unternehmung eines unserer guten Schriftsteller nicht beyfallen kann, der es versuchet hat, die englische Handlung mit dem französischen Vortrag zu verbinden, denn nicht zu gedenken, daß dieses immer noch Nachahmung ist, und daß das deutsche Theater dadurch nichts gewinnet, so schicken sich keine Tiraden in den Mund des Othello, und wer, wie die Bösewichter des Voltaire spricht, kann nicht wie Makbeth handeln; man würde ungewiß seyn, welches verwerflicher wäre, Paris mit der Miene des Hectors, oder Hercules, der mit schlaffen Muscheln den Anteus erdrückt.

Noch weniger würde ich es billigen, wenn man, wie die Engländer, alle Regeln der Einheit verläugnen, zur See und zu Lande auf der Bühne herum reisen, und Jahre damit zubringen wollte. Es ist so schwer nicht, ein Mittel zwischen dieser Kühnheit und dem furchtsamen Franzosen zu treffen, der es auf dem Theater kaum wagt aus der Stube zu gehen. Warum wollen wir uns just nach fremden Maaßstabe messen? Es sey bey dem künftigen Kunstrichter der unterscheidende Character der deutschen Theaterscribenten, daß sie nie die Gesetze der Illusion beleidigten, daß ihre Helden die Sprache ihrer Zeit geredet, und gehandelt haben, wie in der Geschichte.

An Stoff zu neuen Trauerspielen kann es uns übrigens nicht mangeln, ohne daß wir die Fabeln der heroischen Zeit mißhandeln, und die Sujets der Alten nach unserer Weise travestiren, an die Seite ihrer großen idealischen Gestalten, unsere gebrechliche Formen hinstellen, wie Zwärge neben einen Riesen.

Die alte nordische Geschichte gehöret uns und Sie ist reich an großen Begebenheiten dem Alter der unverzärtelten Seele, sie ist Dichter, der das wahre Erhabene fühlt, fast als die Griechische werth. Auch unsere lere Zeiten sind nicht an Vorfällen leer, die für das Trauerspiel schicken *); bey Gegenstän-

Carl der Große, an dem Tage seines Sieges über die Sachsen, und der Bekehrung des Wittekinds und des Albions, würde durch eine glückliche Ausbildung ein vortreffliches Sujet abgeben. Die Empfindungen eines freyen und tapfern Volkes, in dem Augenblicke, da es seinen Nacken unter das Joch beugen soll, der Eifer desselben für seine Götter, contrastirt mit dem Eifer der Priester in dem Heere des Kaisers. Der Sieger, bald stolz, bald menschlich, bald großmüthig, bald staatsklug, im heftigsten Streit umgetrieben, endlich zur Härte verleitet, und doch unserer Bewunderung noch würdig!

Heinrich der Vierte, der unglücklichste Regent, dessen unsere Jahrbücher gedenken, von seinen Söhnen, deren einen er liebte, verlassen, verfolgt, und endlich des Reichs beraubt.

ständen aus der vaterländischen Geschichte ist es vielleicht allein möglich, das Costume zu erreichen, und alle Forderungen zu erfüllen; die Unglücksfälle und die Thaten unserer Vorfahren haben vor uns ein ganz anderes Interesse, als die wüthende Medea, und der abscheuliche Atreus,

Die rührende Geschichte des jungen Herzog Conradin von Schwaben, ich weiß nicht ob es möglich ist, eine glücklichere Fabel vor das Trauerspiel zu erfinden.

Wenn Liebe die Triebfeder seyn soll, um die Handlung zu beleben, und auf das Herz des Zuschauers zu wirken, so erinnern wir uns der Eifersucht Carls des dritten, und Heinrichs des zweyten gegen ihre Gemahlinnen, deren Unschuld in der Macht des Dichters steht.

Keine Begebenheit aber enthält mehr tragische Anlage, als die Rache der Wittwe des Crescentius.

Otto der dritte, hatte ihren Mann, einen Rebellen, am Leben gestraft, sie verbarg ihren tödtlichen Unmuth unter der Larve der Liebe, gewann durch ihre Schönheit das Herz des Kaisers, und vergiftete ihn.

eus, wir sehen diese Wahrheit noch täglich
der Englischen Bühne bestätigt, und wem
die mächtige Wirkung der Tragedie des Be-
unbekannt?

Die

Der Regent, in die Wittwe eines Rebellen
verliebt, Sie eine Mörderin ihres Fürsten, ihres
Liebhabers, zu dieser That durch eine rechtmäs-
sige Zärtlichkeit, durch einen unüberwindlichen
Schmerz bewogen. Welche Situationen!

Ich habe nur flüchtig in der Geschichte der
Kaiser gewählt, in niedrigern Ständen ist diese Zeit an tragischen Sujets noch weit frucht-
barer.

In dem sogenannten nöthigen Vorrath zur
dramatischen Geschichte der Deutschen, worin-
nen Gottscheb aus Nationalstolz unsere Schande aufgedeckt hat, finde ich, wie ich in Blät-
tern wahrnehme, nur sechs oder sieben vater-
ländische Stücke, und was für Stücke? der
Clausensturm, der Beutzensturm, ein drittes,
vorinne die Jungfrau augspurgische Confession
und die babylonische Hure die Hauptpersonen
sind. Es ist schon lange her, daß wir uns
selbst höchst uninteressant vorkommen.

Die Epoche der guten Comedie scheint freylich noch ferne von uns zu seyn, am lächerlichen fehlt es uns nicht, aber welche Sitten sollen wir schildern? Die Sitten einer einzelnen Provinz? denn die zwey neuen Abhandlungen vom deutschen Nationalgeist haben uns keine gegeben; sehen die Deutschen an der Elbe und an der Donau sich ähnlich? Haben wir eine Hauptstadt, die uns alle versammlet, die uns mit uns selber bekannt macht? die den Ton angiebt, deren Moden Gesetze vor die ganze Nation sind? Man hat die Sitten und die gesellschaftliche Sprache von Sachsen zur herrschenden in unserem Lustspiel gemacht, in vielen Gegenden von Deutschland aber wird man sie weichlich und tändelhaft finden, indessen sind die Sachsen Vergleichungsweise noch am meisten zum feineren Leben gebildet, denn der größte Theil unsers Vaterlandes sind, wie Moser sagt, noch moralische Wälder und Heyden.

Der Witz des Umgangs, der geistvolle Scherz, die lachende Satyre, die Urbanität, (eine Sache, die unsere Sprache noch nicht nennt,) alles dieses sind Kennzeichen der schönsten Zeit eines Volks; auch rauhe Nationen haben ihre Ossiane gehabt, aber Moliere konnte nur unter Ludwig dem Großen, nur in Frankreich gebohren werden. Wir haben leider eine Originallaune, die, als Carricatur betrachtet, nicht ohne glückliche Züge ist, ich meyne die Possenspiele des Hanswursts, sobald wir aber die comische Sprache verfeinern wollen, so werden wir fade oder gekünstelt. Die höhere Comedie kann uns nicht wohl besser gelingen; denn in der guten Gesellschaft sind wir meistentheils keine Deutsche mehr, unsere Sitten sind nachgeahmt, und unsere Einfälle übersetzt, unsere ganze Artigkeit ist, wie Haman Böhme weißagt, aus französischer Seide gesponnen, und wenn wir diese schielende Geschöpfe auf das Theater bringen, so copieren wir die Copie. Die Regierungsform in Deutschland trägt unstreitig sehr viel zu der Unfruchtbarkeit unserer Charactere mit bey; die deutsche Freyheit ist nicht viel mehr als eine Redensart in dem Style der Reichs- und Kreistage; wir empfinden nachdrücklich genug, die schwere Hand unserer Beherrscher, die bis an die Gränzen ihrer Staaten herum reichen, und sie durch und durch mit Ihrer Gegenwart ausfüllen, wir werden nach dem Ton ihrer Höfe unterthänig erzogen, nach kleinen Aufsichten gebildet, wie Bäume in geschmacklosen Gärten in schnörkelartige Gestalten verschnitten, und nur sehr sparsam durch den Staubregen ihrer Wohlthaten erquickt. Was Wunder, wenn man auf dem deutschen Boden nur ungesunde Stauden und Buschwerk wahrnimmt?

Die französische Regierung ist freylich eigenmächtig genug, aber die Monarchie ist groß, man ist dem Jupiter und dem Donner nicht so nahe, sie wird dem Haufen am Throne nur fühlbar, und der unbebänderte Weltweise, der mit der Titelsucht unbehaftete Bürger lebt und denkt wie er will, überdies, so breitet die Handlung, der Fleiß, die zinsbare Thorheit modesiecher Völker Reichthum und Ueberfluß unter ihnen aus, und folglich Unabhängigkeit und Freyheit. Alsdann nur entsteht Mannichfaltigkeit in den Sitten, vollkommen und große Gewächse, und neue außerordentliche Abarten, wir sehen es in England, welche Bizarre Gestalten die sich selber gelassene Natur unter den Menschen hervor bringt. Dem ohngeachtet giebt es auch in Deutschland interessante Caractere, ich zeichne die Schwierigkeiten nur aus,

m Genie die Fähigkeit nicht ab,
Stoff zu beseelen.

jedoch auch unter uns ein dramatl.
aufstünde! Wo sind die Acteurs,
durch ihre Vorstellung entehren?
ist es her, daß es die Neuberin wag-
sunde Vernunft auf dem deutschen
nzuführen, daß Sie, zur Ehre von
ıd, sich über die Gewinnsucht empor
lieber ein kleines Parterre als Pöbel
inge verlangte, Sie, die zur Schande
.tschland, unter den Trümmern ihrer
ervor, zu einer Bande flüchten mußte?

,as waren unsere Schauspieler damals,
; sind sie größtentheils noch? ein Hau-
,lücklicher, die kein Trieb, kein Ruf der
, keine unüberwindliche Neigung, nein,
eiflung, die auf Ausschweifungen folgte,
ınder versammlet, die wie Aussätzige von
Ditbürgern abgesondert leben, und so wie
s und sein Gefolge bey dem Anfange der
auf Karren hin und herziehen. Setzen
nzu, daß es unsre Schuld ist, wenn Ihre
noch immer niedriger noch immer uneb-

ler wird, daß nur wenige unter uns dem Vorurtheil troß bieten, welches ihren Umgang mit Verachtung bezeichnet. Wir begegnen ihnen härter als die Franzosen, denn Sie mißhandeln sie bloß nach ihrem Tode, wir bey Ihrem Leben, Sie verschließen ihren Kirchhof vor Ihnen, aber Ihre Besuchstuben nicht; Sie halten dafür, daß Orosmann, der auf der Bühne ihre Bewunderung erwarb, einige Achtung im gemeinen Leben verdiene, und daß Merope, Monime und Zayre keine schlechte Gesellschafterinnen sind.

Mollere, Baron Garrik, Quin, die Oldfields, die Champsmele, die le Couvreur, die Gaußin, die Clairon, haben alle in der feinsten Welt Ihrer Zeiten gelebt, die größten Genies der Nation waren ihre Freunde, und die Helden des Volkes kehrten von der Bahn des Sieges in ihre Gesellschaft zurück, hier überließen Sie ihr Herz sanfteren Empfindungen, und verschmähten es nicht, eine Blume aus der Hand einer Actrice mit unter ihren Lorbeer zu flechten. Daher der edle Anstand, das Gefühl des Erhabenen, das die Handlung der Schauspieler belebte, die feine Nuance der Leidenschaft, in der

Seele gezeugt, der wahre Ton, den ihr Herz angab, und ihr Blick ausſprach.

Und was ſoll ich von der Aufmunterung ſagen, mit welcher die Freygebigkeit der Groſſen ihre Talente belohnte? wo iſt der deutſche Fürſt, der nicht lieber fünf franzöſiſche Tänzer, als einen deutſchen Schauſpieler beſoldet? wie kann bey dieſer Verachtung, bey dieſer Erniedrigung der Kunſt ein Genie dazu angelockt, wie kann es, wenn es ſich zufälliger Weiſe findet, entwickelt und empor gehoben werden? Sollte man nicht einem jeden angehenden Schauſpieler, wie die Redekunſt dem Lucian im Traume zurufen:

> Und wenn du Werke wie Phidias machteſt, ſo wirſt du doch nur ein ſchlechter Handwerksmann ſeyn!

ich habe Deutſche geſehen, die den Sturm der ſidenſchaft, Wuth, Rachſucht, Verzweiflung, aſerey ſehr glücklich ausdrückten, vielleicht ll dieſe Grade ſelten in der Natur ſind, und r ſie daher nur unvollkommen vergleichen, vielht auch weil uns die Situation an ſich ſelbſt ſehr rührt, daß wir bey der Lebhaftigkeit un-
 Gefühls die falſchen Töne nicht wahrneh-

men, ober weil jeder mit dem Ausdruck zufrieden ist, den er selbst der Leidenschaft geben würde, nur wenige schreyen wie Philoctet, oder fühlen den Schmerz, wie Laoceon, und nur wenige fordern es daher von dem Acteur.

Aber die stille Größe, die heiligen Schauer erregt, die hohe Simplicität, welche die Werke der Sophocles ganz erfüllt, so wie des Phidias Jupiter seinen Tempel ganz mit dem Gotte; der edle Stolz einer über alles erhabenen Seele, den auch Corneile zuweilen erreicht, noch öfterer aber mit dem Geiste der Ritterschaft verwechselt. Hierzu ist unsern Schauspielern auch nicht ein Ton verliehen. Brutus, wie Er seine Söhne durch das Gesetz, das er gab, verurtheilt; Regulus, den Marter erwarten, und der mit aller Stärke der Beredtsamkeit den Senat widerlegt, der ihm das Leben retten will; Cornelia, wie sie Ihrem Todfeinde Cäsar entdeckt, daß man ihn verräth; alles dieses sind keine Erscheinungen vor unsere Bühne, wer die Worte:

Soyous amis, Cinna —

recht aussprechen will, muß groß genug denken, Beleidigungen zu verachten und zu vergeben.

Ich weiß nicht wie es Riccoboni verantworten will, daß er in dem Ausdruck der Leidenschaft den Pöbel nachzuahmen räth, es muß ihm also gefallen, wenn Iphigenia zum Opfer verdammt, sich wie eine arme Sünderinn vor dem Halsgerichte gebärdet.

Wie soll es aber der Schauspieler machen, um sich zum Erhabenen, zum Großen zu bilden, das unter dem freyen griechischen Himmel, und in der schönsten Zeit von Rom, nicht allein die Eigenschaft der Helden, sondern auch der Dichter, der Künstler und der Acteurs war! Wo ist die hohe Natur, die er nachahmen könnte?

Ich verhehle mir diese Schwierigkeiten nicht, und ich gestehe, daß ich sie größtentheils für unüberwindlich ansehe.

Nicht immer ist jedoch das Genie an seine Zeit und an sein Vaterland gefesselt, oft brach es aus der Finsterniß hervor, wie eine Flamme unter den Ruinen einer verschütteten Stadt.

Die Erfindung der idealischen, das ist, der höchsten Schönheit, in jedem Werke des Genies ist ferne von der Nachahmung eines einzelnen Objects in der Natur, sie schränkt sich nicht einmal auf die Geschicklichkeit ein, zerstreuete und individuelle Schönheiten zu einem Ganzen zu sammlen, es giebt Geister, die es wagen dürfen, um einen Punct über die Linie der Natur hinüber zu schreiten.

Das Ideal ist bey ihnen das Resultat einer Reihe von Empfindungen und Vorstellungen, auf welchen der Geist, wie auf einer Leiter, empor steigt, auf der obersten Sprosse sieht, das Genie eine neue Natur, der Schwärmer das Reich der Chimären.

Wer hat den Sänger des Messias in der Sprache höhere Wesen unterwiesen? Niemand sagt, du Bos hat die Musik des Plutons gehört, und in der Oper Alcest vom Lulli, glaubt man sie zu hören, wurde der Apoll im Belveder, an welchem, nach Winkelmans Ausdruck, nichts von der menschlichen Dürftigkeit ist, in der Versammlung der Götter nach den Unsterblichen gebildet? die Göttinn der Liebe war dem Künstler

nicht in seiner Werkstatt erschienen; aber, als sie ihr Bildniß erblickte, so fragte Sie: wie der Dichter versichert, wo hat mich Praxiteles nackend gesehen?

Ich kehre von dieser Ausschweifung, die die Lehre der Schönheit überhaupt angeht, zum Schauspieler zurück, sein Ideal ist lange so schwer nicht, der Dichter hat alles für ihn gethan, es ist genug, wenn Er von dem Geist desselben durchdrungen, und von der Situation seines Helden gerührt, sein Schicksal und seine Leidenschaft mit ihm theilt, alsdenn wird er handeln, wie man es nur von dem Helden, den er vorstellet, erwartet, der Zuschauer durch eine Wahrscheinlichkeit hingerissen, die sich mehr auf Empfindung, als auf eine historische Vergleichung gründet, wird nicht mehr den Acteur, sondern die Person selbst zu sehen glauben.

Man siehet hieraus, wie nöthig es dem Schauspieler ist, nicht seine Rolle allein, sondern das ganze Stück in gewissem Verstande zu lernen, denn nur dadurch wird es ihm gelingen, sich in den Haupton seines Characters zu setzen, Er wird sich nicht mehr mit dem Ausdruck einzelner Verse, ohne Beziehung auf das Ganze begnügen, wie schlechte Musici, die bey dem Wort Donner daher donnern, obgleich das Lied von einem stillen Frühlingsabend handelt. Er wird es lernen, in jeder Situation einen Vortrag, wie Roscius die rechte Haltung zu geben, und auch auf nachdrückliche Stellen, künstliche Schatten zu verbreiten.

Unsere Schauspieler werden sich nie der Vollkommenheit nähern, wenn man sie wie Maitre Jaques zu allen Verrichtungen braucht, und denn tragische, denn comische Rollen von Ihnen fordert. Jedes Talent zum höchsten Grad ausgebildet, erschöpft das ganze Vermögen der Seele, noch weniger aber vereinigt das Genie entgegengesetzte Fähigkeiten, wer wird vom Young Trinklieder begehren? oder vom Boucher dem Mahler der Grazie, das Getümmel der Schlacht,

— — — den kommenden Sieger,
und das bäumende Roß — —
und das Geschrey und der tödtenden Wuth.

Es ist wahr, wir haben einen Gatrick gesehen, aber ein Phenomen entscheidet nichts, und dennoch, wenn Er in der Rolle des Tyrannen Richards, so wie Ihn Hogharth gemahlt hat, mit dem schrecklichen Blick, seine gequälte Seele ganz ausspricht, und Entsetzen in dem Herzen der Zuschauer wirket, wer kann sich immer enthalten, an den ehrlichen Fallstoff und an seinen drolligten Schrecken zu denken? und wenn es auch Bewunderung über die Verschiedenheit des Ausdrucks wäre, kann alle Kunst des Garricks verhindern, daß durch einen Einfall von der Art, die tragische Empfindung nicht geschwächt werde?

Der Anstand des Körpers, die Gebärde, ist bey dem Acteur, wie Demosthenes von der Action des Redners behauptet, beynahe das erste, das zweyte, und das dritte Stück, wenn man die rechte Stellung verfehlt, sagt Riccoboni, so mag man sich martern, wie man will, man wird nie den rechten Ton treffen. Unsere tragische Acteurs haben sich an ein falsches Theater Costume gewöhnt, an gewisse willkührliche Manieren, die mehr hieroglyphisch als miniesch sind. Wer wird zum Exempel den Helden des Stücks nicht erkennen, wenn der Mann auftritt mit zurückgeworfenem Kopf, der den linken Arm fest in die Hüffte stemmt, und den rechten steif und lang von sich weg streckt?

Wer wird es nicht errathen, daß Er auf ein wichtiges Vorhaben sinne, oder daß die Entwickelung nahe ist, wenn er den Kopf langsam und tiefsinnig niederbeugt, und die rechte Hand gegen das Gesicht erhebt? so gar die Art sich umzubringen hat ihren theatralischen Wohlstand, es ist kein geringes Verdienst einen guten Dolch zu führen.

Die Heldinn des Trauerspiels unterscheidet sich gemeiniglich auf unserm Theater durch eine schluchzende, wimmernde Stimme, damit es ja der Zuschauer bey Zeiten erfährt, daß Sie zu Unglücksfällen, vielleicht gar zum Tode, verurtheilt ist. Sie sollten sich an dem Beyspiel der Französinnen spiegeln, deren tragisches Schluchzen so ansteckend ist, daß nur die einzige Gaußin davon befreyet bleiben konnte.

Sehr selten erreichen unsere Actricen die sanfte Traurigkeit, die Ermattung, welche auf langes Unglück folgt, und oft verwechseln sie damit eine schmachtende Miene, aus einem mit dem Schmerz ganz unverwandten Geschlechte, so unglücklich wie der Mahler einer entzückten Therese, welche man, des guten Namens der Heiligen wegen, mit einem Vorhang bedeckte.

Wir werden es nicht wieder erfinden, unsere Declamation, wie die Alten, in Noten zu setzen, und ich bedaure aus mehr als einer Ursache den Verlust dieser Kunst nicht, warum können wir aber nicht von Ihnen lernen, unsere zum Theater bestimmte Jugend frühe anzuhalten, ihre Stimme tönend und biegsam zu machen, und damit sie stark, und zu einer gewissen Reinigkeit in der Höhe gebildet werde, Sie erstlich im Schreyen zu üben? Bey den monotonen Sylbenmaß unserer Verse wird es immer sehr schwer seyn, sie natürlich zu declamiren. Nochmehr aber verdirbt der Reim, der den Dichter und den Schauspieler martert, jenen um ihn zu finden, diesen um ihn wieder zu zerstören. Ich weiß überhaupt bey der Declamation nur wenig zu erinnern. Sie ist wirklich kein Gegenstand irgend einer Anweisung, wenn der Acteur seine Rolle empfindet, so wird er jede Note der Leidenschaft treffen, die begeisterten Bachantinnen, sagt Plato, schöpfen Wein aus jeder Quelle, aber es wird wieder zu Waſſer, ſo bald die Entzückung aufhört.

Die Oldfields ſprach in der Rolle der Monimia, die Worte:
Ach armer Caſtalio! —
nie ohne Thränen aus, und die ganze Verſammlung weinte mit ihr.

Ehe ich meine Anmerkung über das Trauerſpiel endige, muß ich noch der ſeltſamen Weiſe gedenken, daſſelbe auf der Bühne mit einem luſtigen Stück zu beſchließen. Ich hoffe, meine Herren, ſie werden es wagen, dieſen unbegreiflichen Gebrauch zur Ehre des Geſchmacks zu verbannen. Befürchtet man etwa, der Zuſchauer möchte zu ſehr gerührt worden ſeyn? warum verſchwendeten der Dichter und der Acteur alle Macht ihrer Kunſt, um Gefühle zu erregen, die man ſo eilfertig zu unterdrücken bemühet iſt? die man aus dem Herzen herausreißt, ehe ſie noch Wurzel faſſen konnten, warum bemüht man ſich Thränen abzutrocknen, die zur Ehre der Tugend und der Menſchlichkeit fließen? iſt es nicht ein höchſt ungereimtes Schauſpiel, nun den Cäſar unter der Hand des

Brutus fallen zu sehen, und wenig Augenblicke drauf den Crispin, den ein lächerlicher Doctor anatomirt? Wie würde das Volk zu Athen den Possenreißer gesteiniget haben, der, nachdem Demosthenes die Rednerbühne bestiegen, und es versucht hätte, ihren Zorn gegen den herrschsüchtigen Philippus durch Zoten zu besänftigen?

In dem Lustspiel pflegen einige chargirte Charactere aus den mittleren Ständen unsern Schauspielern nicht übel zu gerathen, z. E. der Geizige, der bürgerliche Edelmann, der eingebildete Kranke, der poetische Dorfjunker, aber die Hauptrollen der Stücke des la Chaussee, des Diderot und der Grafigny, sind über ihrer Fähigkeit, sie sehen darinne Glücksrittern ähnlich, die sich vor Standspersonen ausgeben.

Der deutsche Liebhaber ist besonders ein unerträgliches Geschöpfe, ich rede von demjenigen, der die Stelle des französischen Marquis vertritt, und witzig, munter, windig, selbstklug, aber auch voller Welt seyn soll; Er ist bey uns aus dem französischen Petit-Maitre, und dem deutschen süßen Herrn gemischt, aber meistentheils so abgeschmackt und unmanierlich wie ein Schüler, oder so gezwungen wie eine Drahtpuppe.

Unsere süße Herren sind zweyerley Art, ein sorgfältig gepuztes, weiß gepudertes unterthäniges Geschlecht, das den Kopf nie völlig erhebt, und die Augäpfel halb unterm Augenliede verbirgt, das mit einer sanften unvernehmlichen Sprache, nur gebrochene Complimente herausstammelt, wie eine Agnes erröthet, weder eine Mägdchenshand noch eine Weiberfaust ungeküßt läßt, und in der Gesellschaft eines jeden Frauenzimmers vor Zärtlichkeit wegschmilzt. Diese Gattung ist zu nichts zu gebrauchen, Sie belustigt nirgends, weder im gemeinem Leben noch auf dem Theater.

Die andere ist dreiste, einbildisch und entscheidend, Sie werden in jeder Gesellschaft die Unterhaltung auf sich nehmen, mit einer wohlthätigen Miene ihre Einfälle rechts und links auswerfen, wie Schaupfenninge Ihnen zu Ehren geprägt, bann dieses, denn jenes Frauenzimmer ihrer Zuneigung würdigen, mit einem Bewußtseyn ihrer Gnade, wie der Sultan mit dem Schnupftuch in der Hand.

Dieſer Character iſt völlig theatraliſch, nur muß ihm der Dichter den leichten und doch epigrammatiſchen Witz der Franzoſen nicht in Mund legen, und der Acteur muß auf die Natur aufmerkſam ſeyn, damit er nicht mehr einem ſchreyenden Prahler, als einem Zuverſichtlichen ähnlich werde.

Riccoboni hat bereits die witzigen Bedienten der Franzoſen und ihre naſeweiſe und vertrauliche Kammermägdchen getadelt, unſere Bedienten ſollten es noch weniger ſeyn, und unſere Kammermägdchen ſind mehr von der Art der Miß Honour, als der franzöſiſchen Liſette.

Sanfte natürliche deutſche Mägdchen, zur Rolle der Nannie oder der Schottländerinn geſchickt, haben wir auch auf unſerer Bühne zuweilen geſehen, und, nach meiner Empfindung, waren ſie oft naiver und ungezwungener, als die Franzöſinnen, die die Einfalt der Natur durch das, was Sie, ich weiß nicht warum, Grazin nennen, aufputzen; eine Zierlichkeit, die in allen ihren Werken der letzte Pinſelſtrich des Meiſters zu ſeyn ſcheint, nach welcher, wie Winkelmann anmerkt, eine Venus bey ihnen, den Mantel

nie anders, als spitzig mit den zwey fordern Fin．
gern anfassen darf. Nur wenn in diesen Rol．
len die Gemüthsbewegung heftiger wird, so ver．
läßt unsere Actricen das Urtheil und die Lebens．
art. Sie werden schreyend, herausfahrend,
ungezogen, ungefähr wie eine aufgebrachte Jun．
gemagd. Ich muß bey dieser Gelegenheit eine
Bitte aller Theaterscribenten wiederholen, mit
welcher sich die Empfindung aller Zuschauer ver．
einigt. Ich meyne die Rollen der Jugend, der
Liebe, der Zärtlichkeit, nie an Personen von
einem gewissen Alter zu vertheilen, nichts ist
unerträglicher, als dieser Gebrauch, keine Vor．
trefflichkeit des Spiels, keine vorgefaßte Achtung
gegen die vollkommenste Actrice ersetzt diesen
Uebelstand. Wer würde nicht zum Lachen ge．
reizt werden, wenn in dem Mündel des Fagans,
ein vierzigjähriges Mägdchen ihre unerhörte
Neigung gegen ihren Vormund gestünde, und
die Gaußin, die reizende Gaußin, war, man
mag sagen, was man will, als Mutter von eilf
Kindern, um gelinde zu urtheilen, eine wunder．
liche Nanine.

Ich weiß nicht, in wie weit es Ihr Plan
und Ihre jetzige Verfassung erlaubt, die Ver．

sorgung der Acteurs und die Belohnung der Dichter zu bestimmen. Ein Jahrgeld vor die Invaliden der Bühne, würde manchen guten Kopf zur Kunst anlocken, die jetzo die Aussicht in ein hülfloses Alter abschreckt. Es würde den Actricen den Reiz, wenigstens den Vorwand einer nothwendigen Gewinnsucht benehmen. Sie können strenge Sitten fordern, meine Herren, wenn Sie den Tugendhaften Brod geben.

Die Einkünfte der zweyten Vorstellung scheinen mir eine verhältnißmäßige Belohnung vor den Theaterscribenten zu seyn. Das Publicum hat alsdann schon geurtheilet, und kann dankbar oder gerecht mit ihm verfahren.

Ich zweifele nicht, Sie werden auch das Aeußerliche der Bühne, die Decorationen, die Kleidung, Ihrer Aufmerksamkeit würdigen, ohne daß ich wie Voltaire, der wie ein abgelebter Mahler, nach gerade reich, buntfärbig und kalt wird, einen außerordentlichen Pomp, oder beständige Veränderungen der Scene begehen, so ist doch gemeiniglich unser Theater zu gewissen großen Vorstellungen des Trauerspiels nicht räumig und nicht prächtig genug, aber ich darf nicht zu viel von Privatpersonen fordern, und ich muß einen Theil meiner Wünsche bis auf den unabzusehenden Zeitpunct verspahren, da es vielleicht einem Fürsten einfällt, die Hälfte seiner Opernunkosten einer vaterländischen Bühne zuzuwenden.

Sie werden Ihren gegenwärtigen Endzweck erreichen, wenn sie Mahler finden und ermuntern, die die Regeln der Perspectiv, ohne welche das Auge nie getäuscht werden kann, genau beobachten, die die Wirkung der Beleuchtung verstehn, und keine Taggemählde machen, die bey Lichte grau und unkräftig werden, die das Geheimniß der Haltung besitzen, ihre helle und dunkle Parthien in große contrastirende Massen vertheilen, und ihre Lichter nicht wie Schneeflocken über das ganze Gemählde ausstreuen; die den Ort zu nutzen wissen, nicht zu viel in einen engen Raum zusammen drängen, und in der Vorstellung der Natur, in Wäldern, Landgegenden u. s. w. ihre schöne Unordnung nachahmen, und alles Symmetrische sorgfältig vermeiden.

In Ansehung der Kleidung bin ich nicht so leicht zu befriedigen, Ihnen, meine Herren, ist vielleicht die Ehre vorbehalten, die gesunde Vernunft gegen das ganze Europa zu schützen, die man hierinn auf das äußerste mißhandelt.

Römische und griechische Helden geschminkt, mit Peruken, und mit dem unbegreiflich lächerlichen Reifrock, sind viel ärger travestirt, als die Helden des Virgils im Style des Scarrons. Der einzige noch übrige Horaz kömmt aus dem blutigsten Zweykampf, mit gekräußelten und gepuderten Haaren, noch zierlicher als vom Balle zurück. Cornelia will die Asche des Pompejus durch das ganze Kriegsheer von Glied zu Glied in einer Hofrobe tragen: Ein Unsinn, dessen Dauer man nur durch die Macht der langen Gewohnheit über die Menschen zu erklären fähig ist. Und wenn noch die Kleidung der Alten unangenehm wäre, wenn ihr das Prächtige mangelte, welches man auf dem Theater begehrt! Aber sie ist in ihrer Einfalt weit schöner, als unsere beladene Modegestalten, die Männer trugen ein Unterkleid mit Ermel von willkührlicher Farbe, dem Unterkleid der heutigen Morgenländer ähnlich, über dasselbe eine Togam oder Mantel unter dem einen Arm hergezogen, und über die Achsel frey und natürlich geworfen, oft wurde solches mit einem Saum von Purpur geziert, und über der Hüfte fest gegürtet. Sie trugen auch Hüte, beynahe wie die unsrigen, nur daß die Krempen entweder nicht, oder nur auf zwey Seiten los aufgeheftet waren, der Huth wurde mit einem Band unter dem Kinn festgebunden.

Im Kriege war ihre Rüstung oft reich und schimmernd, jedoch edel in ihrer Pracht, der Panzer, das Schild, die Beinrüstung glänzten, und fürchterlich winkte der Haarbusch auf dem Helme des Hectors, der den kleinen Astyanax erschreckte.

Ihre Frauenzimmertracht entdeckte mit Anstand die wahren Verhältnisse des Körpers, es war noch nicht Mode geworden der Natur nach zu helfen, und ihre Formen zu verunstalten. Das Haar der griechischen und römischen Mägdchen, war oben auf dem Kopf in einen Knauf zusammen gebunden, wodurch zuweilen eine Nadel gesteckt war, ihr Unterkleid war leinen, und

ihr oft seidenes und am Rande gesticktes Ober-
kleid, mit oder ohne Ermel, gieng bis auf die
Füße herunter, es war unter dem Busen gegürtet, und ein leichter Mantel wallte nachläßig
um das schlanke Mägdchen herum.

Auch in der Tracht unserer Vorfahren, so
wie sie Tacitus beschreibt, dürfen unsere Schauspieler nicht erröthen, auf der Bühne zu erschei-
nen. Ihr Kleid war dem Körper angepaßt,
und verbarg den merklichen Umriß ihrer starken
Gestalt nicht, um die Schultern hiengen Felle
von Thieren mit Pelzwerk aus fernen Ländern
gezieret. Im Kriege schwung der Deutsche mit
mächtiger Faust seine kurze Lanze, zum Werfen
und zum Streiten in der Nähe geschickt. Mit
der Furcht unbekannt, trug er seinen Schild
weniger zur Sicherheit als zur Zierde, mit hel-
len und blendenden Farben bemahlt.

Ihre Frauen und Ihre Töchter waren beynahe wie die Männer gekleidet, nur war ihr Ge-
wand oft mit Purpur verbrähmt, und der ner-
vigte Arm und die volle Brust war bloß. Ich

frage unsere Mägdchen, ob Sie es nicht unternehmen, in dieser Tracht zu gefallen?

Ich fodere Sie auf, meine Herren, unserer Nation das Verdienst zu erwerben, ein genaues Costume auf dem Theater einzuführen, und auch in der Kleidung dem Character und der Geschichte zu folgen.

Cleopatra mag sich zum freywilligen Tode mit aller Kunst eine Buhlerinn schmücken; der weibische Antonius sey auch an dem großen entscheidenden Tage noch geputzt, aber Cato bereit, sich unter dem Schutt der Republik zu begraben, der einzige noch übrige Römer muß nicht mit Flittergolde behängt zu sterben beschließen. Hermann, unter den Waffen erzogen, komme vom Siege zurück, mit losen fliegenden Haaren, wie ein Fürst der Deutschen nicht, wie ein persischer Satrape; nach dem Bilde in der vortrefflichen Ode unsers Dichters:

— mit Schweiß, mit Römerblute,
mit dem Staube der Schlacht bedeckt. —

Hier haben Sie meine Einfälle, über das deutsche Theater. Bey der ersten Einrichtung einer Republik, wenn man beschäftiget ist ihr eine Form und Gesetze zu geben, hat jeder Bürger seine Stimme. Ich lebe ferne von Ihnen außer Deutschland, und schreibe an Sie, wie der Gemüthskranke Weltweise, vom Berge herunter an seine Landsleute schrieb, zufrieden, wenn mein Brief auch nur eine Gährung erregt, und auf die Gebrechen, die ich table, aufmerksam macht.

Mein Trauerspiel lege ich vor Ihre Thüre, wie vor ein Fündelhaus nieder, unbekümmert über sein Schicksal, das ich Ihnen überlasse.

Die Catastrophe desselben ist der in dem Roman des Mandewil ähnlich, aber auch weiter nichts, denn ich habe weder den Dialogue noch die Charactere geborgt. Wenn man die comische Wildheit des Capitains mißbilligt, so ersuche ich meine Gründe zu erwegen.

Der Verfasser der Litteraturmerkwürdigkeiten hat bereits richtig angemerkt, wie fehlerhaft es sey, die Trauerspiele aller Zeiten und Völker nach griechischen Mustern zu beurtheilen, und Begriffe, die wir von ihrer Ausführung abziehen, als ewige Gesetze zu verehren.

Der Endzweck der Alten im Trauerspiel war, eine tragische Begebenheit in ihrem rührendsten Lichte zu zeigen, und durch das Ganze, nicht durch das Colorit des Details, denn zu bewegen, denn zu schreiben. Ihre Stücke sind daher voll, von vortrefflichen Situationen, von großen Sentiments und von der Ihnen eigenen hohen unnachahmlichen Einfalt, aber sie sind beynahe ohne Contrast, und ganz ohne Charactere, die Helden wurden nach einem bestimmten Ideal, wie ihre Götter gebildet, Homer hatte die Aussenlinien der meisten entworfen, und kein nachfolgender Dichter war so kühn, an dem ehrwürdigen Riß nur einen Zug zu verändern.

Ich table diese Weise auch in unsern Trauerspielen nicht, so bald wir entweder ähnliche, oder nur so allgemein bekannte Sujets abhandeln, daß es ein fruchtloses Unternehmen seyn würde, Costume oder Charactere zu beobachten.

Ganz anders verhält es sich aber mit Vorfällen aus der aufgeklärten Geschichte, und noch bestimmter muß der Verfasser eines aus dem gemeinen Leben genommenen bürgerlichen Trauerspiels verfahren, denn er soll nicht allein rühren, sondern auch mahlen.

In das Unglück einer zerrütteten Familie kann oft ein drolligter Character mit eingeflochten seyn, der auch in den traurigsten Auftritten sein comisches Gepräge behält.

So ist es in der Natur, wird man sagen, aber was nöthigt den Dichter, dieselbe, so wie er sie findet, zu nehmen? Wird der comische Character, das tragische Interesse nicht entkräften? Wird er die Folge der Empfindungen nicht unterbrechen?

Ich antworte, sein Daseyn ist verwerflich, so bald er dem Gang der tragischen Handlung nicht vortheilhaft ist, so bald er nur episodisch seine Lücke ausfüllt; Er darf nie durch das ganze Stück mit einem traurigen Character contrastirt, noch weniger aber, in comische Situationen versetzt werden.

Wie aber, wenn ein Theil des tragischen Interesse gerade in der Natur eines solchen Characters gegründet werden kann? wenn durch ihn das Unglück einer bedrängten Person um einige Grade erhöhet wird? Wenn ein solcher drolligter Bösewicht in der Mitte einer elenden Familie, wenn der Schauspieler und der Zuschauer weinen, allein der Menschlichkeit trotzt und lacht? Ist irgend einem fühlenden Leser die Laune lustig vorgekommen, mit welcher Lovelace von seinen entsetzlichen Entwürfen redet?

Ich lasse mich auf den Vorwurf nicht ein, daß ich das Wesen des Trauerspiels, und die

Regeln der größten Meister beleidige, eine Thräne in dem Auge eines empfindlichen Mägdchens, in dem Augenblick, da der wilde Capitain über das Leiden der Julie mit Einfällen spottet, wird den Kunstrichter widerlegen, und den Verfasser rechtfertigen.

Julie,
ein Trauerspiel
in fünf Aufzügen.

O poggi! o valli! o fiumi! o selve! o campi!
O testimon della mia grave vita
Quaute volte m'udiste chiamar morte!

PETRARCA.

Personen.

Herr von Wohlau.

Julie, seine Tochter.

Frau von Wichmann, eine Wittwe, seine Schwester.

Herr von Wohlau, ihr Halbbruder, ein abgedankter Capitain.

Belmont.

Wernek.

Woldemar.

Frau Dalton, ehemalige Gouvernantin der Julie.

Peter und noch ein Bedienter.

Der Schauplatz ist in dem Landhause des Herrn von Wohlau.

Erster Aufzug.

Erster Auftritt.

Julie, Frau von Wichmann.

Frau von Wichmann.

In diesem Hause ist nun alles so traurig, Julie, wenn ich an die Freude denke, die sonst hier herrschte, so geht es mir nahe — und besonders deswegen geht es mir nahe, liebes Kind, weil du wirklich allein Schuld daran bist. Ich habe dich nicht immer so eigensinnig gekannt, Julie, und ich hätte ein wenig mehr Folgsamkeit von dir erwartet, eine mehr nachgebende Liebe gegen deinen Vater —

Julie.

Ach, liebste Tante! ich habe meine Kräfte versucht, wenn Sie mich gesehen hätten, wie ich in langen schlaflosen Nächten gerungen und gekämpft habe — gewiß, Sie würden mir, Sie könnten mir Ihr Mitleiden nicht versagen — ich kann es nicht zwingen, sagen Sie mir, woher kommt diese Unfähigkeit einen Vater zu gehorchen, den ich verehre? diese Widerstrebung gegen Gründe, die mir gültig vorkommen? Ein flüchtiger Gedanke an Ihn macht alles zu nichte — Ich bin doch kein lasterhaftes Mägdchen nicht — aber Ihn — Ihn kann ich nicht aus dieser Brust vertilgen — Unglücklicher! dein Leiden macht dich mir theuer, denn um meinetwegen leidest du — Sie kennen Ihn wohl nicht, haben Sie Ihn niemals gesehen?

Fr. von Wichmann.

Nein, ich kenne ihn nicht, armes Kind — aber man hat mir viel gutes von Ihm gesagt — indessen ist der Mann, den man dir bestimmt, doch auch ein würdiger tugendhafter Mann — und o, wie beugst du sein Herz, Julie.

Julie.

Der Mann ist ein vortrefflicher Mann — aber er ist der Mann, der mich mit seiner Liebe verfolgt, den ich ohne Zittern nicht sehen kann — Glückselige Zeiten meiner ersten Jugend! ihr seyd vorbey — Ruhe meines Lebens! du bist dahin — Wie hätte ich wohl dieser Liebe widerstehen sollen, liebste Tante? Sie entstand mit unserer Kraft zu empfinden, und mein Vater und das ganze Haus schätzten ihn hoch — ist es nicht unser Verwandter? nennte Ihn mein Vater nicht oft seinen Sohn? glaubten Sie nicht alle, daß er mir bestimmt wäre, ehe man das unglückliche Versprechen er-

fuhr? konnte ich voraus-sehen, daß man noch
etwas anders als Uebereinstimmung der Gemü-
ther bey meiner Verheirathung fordern würde?
O sagen Sie mir, liebste Tante, ist es nicht
sehr hart? was wird es mir helfen, wenn ich
reich und nicht glücklich bin?

Fr. von Wichmann.

Was soll ich dir sagen, meine Tochter? du
bist sinnreich deine Leidenschaft zu vertheidigen —
und gegen alle Vorstellungen hast du dich ge-
waffnet: die erste Liebe, Kind, ist meistentheils
unvernünftig, glaubst du, daß man ohne Er-
fahrung, bloß nach der Empfindung der ersten Jugend einen Mann wählen müsse? sehr
wenige Mägdchen haben ihre erste Liebhaber ge-
heirathet. Ueberdies so hat dein Vater aller-
dings Rechte über dich, Er hat seinem einzigen
Freunde auf seinem Todtbette versprochen, daß
sein Sohn mit dir verbunden werden sollte,
wenn dieser Sohn ein verdienstloser Mann geworden wäre, so müßte diese Zusage nichts seyn,
aber er ist tugendhaft, Julie, und er ist deiner
würdig, er liebt dich zärtlich, und denkt so edel,
daß er dem Ansehen deines Vaters nichts schuldig seyn will, schon sechs Monathe hat er mit
unglaublicher Gedult deinen Kaltsinn ertragen — sey einen Augenblick unpartheyisch, Julie, sage mir, ist der Mann, der so handelt,
hassenswürdig? sind die Bewegungsgründe
deines Vaters verwerfflich, die Bitte eines ster-

benden Freundes, was sollte Ihren Eindruck wohl entkräften?

Julie.

Meine Thränen, liebste Tante! mein Leiden — Mein Vater hätte mich an dem Bette seines Freundes opfern sollen? o das wäre grausam, der alte Woldemar war, wie man sagt, ein verdienstvoller Mann — wie könnte er in der letzten Stunde seines Lebens mich mit dieser schrecklichen Bitte fesseln? was hatte ich ihm zu Leide gethan, daß ich an seinem Grabe verurtheilt, und zum Triumph seines Sohnes aufbewahret werden sollte?

Fr. von Wichmann.

Ich muß es dir gestehen, Kind, in allem was du sagst, ist viel ungerechtes, denn deine Haupteinwendung ist doch eigentlich nur, daß du verliebt bist, in einen Menschen verliebt, der gar kein Vermögen, vielleicht ein gutes Herz und wilde Sitten hat, der dich ungroßmüthig in einem wehrlosen Alter überfiel, und dessen Sieg über dich eine Undankbarkeit gegen deinen Vater seinen Wohlthäter wär, denn er konnte wohl einsehen, daß die einzige Erbin meines Bruders seine Frau nie werden konnte, diese Seite von der Sache willst du nicht sehen — du hältst die Augen zu — nimm dich in Acht Kind, daß du im finstern dem Abgrunde nicht nahe kommst.

Julie (weinend).

Auch Sie, liebste Tante — auch Sie stossen mich weg — weit von sich weg ins Elend —? Belmont! du ein Undankbarer — ? o ich habe deine Thränen, deine dankbare Thränen gesehen. (weint)

Fr. von Wichmann.

Weine nicht Julie — du machst mich weichherzig — weine nicht, mein Kind, ich sollte nicht so weich seyn. Wo ist Belmont? hast du Briefe von ihm? schreibst du Ihm oft?

Julie.

Ich ihm schreiben? ach in welchem entfernten Lande wird er vielleicht jetzt mit der Verzweifelung ringen? Mein Vater hat mir drohend geboten, ihm nicht eine Sylbe zu schreiben — ich habe in sechs Monathen nichts von ihm gehört — Ach wo wird er seyn — wie wird es ihm gehen — Allmächtiger! Beschützer der Unschuld — der du die Reinigkeit unserer Herzen kennst — breite, o breite deine Hand über den unglücklichen Menschen — ach Tante, ich zittere, wenn ich an die Last seines Unglücks, und an seine Heftigkeit denke.

Fr. von Wichmann.

Ich will mit deinem Vater reden Julie — aber ich sage dir voraus, ich verspreche dir nichts — ich kann dir nicht Recht geben Kind, denn du rührst mich mehr als du mich überzeu-

geſt — Hier kömmt mein Bruder, laß mich allein mit ihm ſprechen —
Julie geht ab.

Zweyter Auftritt.
Herr von Wohlau, Frau von Wichmann.

Herr von Wohlau.
Sieh hier — war das nicht Julie? Wozu entſchließt Sie ſich, das eigenſinnige Mägdchen? Bald bald iſt meine Gedult vorbey, das Ding iſt toll verliebt, Sie nimmt keine Vorſtellungen und keine Vernunft an, man muß Sie zu ihrem Beſten zwingen — und das ſoll geſchehen.

Fr. von Wichmann.
Uebereile dich nicht Bruder, Sie hat mich ſehr gerührt, du ſtellſt dir nicht vor, wie Sie leidet, und ich muß dir geſtehen, ich fürchte, dieſe Leidenſchaft iſt ſo tief bey ihr eingewurzelt, daß alle unſere Bemühungen vergebens ſind — Ich hielte dafür, es wäre beſſer wir plagten Sie nicht länger mit dieſer Ehe, denn Sie wird ſich doch niemals dazu entſchließen, und es wird kein gutes Ende nehmen.

Wohlau.
Alſo wollteſt du wohl vor Belmont eine Anwerbung thun?

Fr. von Wichmann.
Ich dächte Bruder —

Wohlau.
Und ich dächte Schwester in deinem Alter wär es ziemlich sonderbar eine romanhafte Liebe zu vertheidigen, aber das Gewimmer, das weibliche Gewimmer, dem kann kein Weib widerstehen, denkst du, daß ich das Mägdchen nicht auch lieb habe? daß mir ihr Zustand nicht an die Seele geht? verflucht sey die Schlange, die ich in meinem Busen ernährt habe, der Nichtswürdige, er hat mir mein Kind aus meinem Arm weggerissen — er hat mir Ihr Herz geraubt — was war das für ein gutartiges liebes Mägdchen, wer hätte das denken sollen? Will Sie denn durchaus nicht Schwester? Was sagt Sie eigentlich? Warum will Sie nicht?

Fr. von Wichmann.
Wann du Sie gehört hättest Bruder, ich bin überzeugt, du hättest eben so wenig widerstanden, Ihr Herz ist voller Ehrerbietung, voller Zärtlichkeit gegen ihren Vater — aber auch voll von Liebe.

Wohlau.
Zu dem Bösewicht?

Fr. von Wichmann.
Zuweilen entrinnen Ihr Klagen, aber sobald Sie sich nur ein wenig fassen kann, so macht Sie niemand Vorwürfe, Sie fühlt bloß Ihr

Unglück, und dieses Leiden geht durch die Seele, indessen scheint ihr Entschluß genommen zu seyn

Wohlau.
Nicht zu gehorchen?

Fr. von Wichmann.
Woldemar nicht zu nehmen.

Wohlau.
Und meiner ist bey meiner Ehre auch genommen, ich bitte ihr das zu sagen, Schwester, mein Entschluß ist auch genommen, wenn ich ungerecht wäre, wenn ich Ihr einen unwürdigen Mann aufdringen wollte, aber was kann Sie an ihm tadeln — eine Schande würde es seyn, wenn Ihr Gewinsel mehr als aller Menschen Vernunft gelten sollte; ich möchte, so wahr ich lebe, das Mägdchen gerne glücklich sehen, wenn Sie es nicht wird, so ist bloß ihr Eigensinn schuld. Wenn Sie ihren Vater mit Kummer in die Grube bringen will, Sie mag es thun — Gott wird es Ihr vergeben. — Bloß meine Geduld, meine Weichlichkeit verhärtet das Mägdchen — Sie mag mich nicht länger reizen — sag ihr das — Sie mag mich nicht länger reizen.

Fr. von Wichmann.
Bruder — nur keine Hitze, keine Gewaltthätigkeiten, darum bitte ich dich.

Wohlau.

Gewaltthätigkeiten, was nennſt du Gewalt-thätigkeiten? Krieche ich dem Ding nicht ſchon ein halbes Jahr nach —? Ihren Willen ſoll man thun, und wenn es Wahnwitz wäre, raſend möchte man werden. Du haſt keine Töchter gehabt, Schweſter, keine Töchter, die deine Liebe mit Undank belohnten, und ihre Familie beſchimpften; du weißt nicht, wie einem Vater dabey zu Muthe iſt. Da hier meinen Bruder will ich fragen, der wird die Sache anders erklären, er kömmt wie gerufen.

Dritter Auftritt.

Der Capitain und die Vorigen.

Wohlau.

Sage mir, Hauptmann, was fangen wir mit dem eigenſinnigen Mägdchen an? da iſt nicht mit auszukommen, ich habe ſüßes und ſaures verſucht, ich komme nicht aus der Stelle.

Der Capitain. (ſpöttiſch)

Ey nicht doch, Bruder, Sie iſt ja ſo ein gutes gehorſames Kind, Sie hat ja jederzeit deine Wünſche von ferne errathen, Sie hat ſich ja immer durch die Vernunft lenken laſſen.

Wohlau.

Kopf verrückt hätte, und ich weiß keinen Rath mehr.

Der Capitain.

Nimm es mir nicht übel, Bruder — aber mich hohl der Henker, wenn es mir nicht warm um die Ohren wird, wenn ich an das nasenweise Mägdchen, und an deine kindische Aufführung denke —

Wohlau.

Nun Herr Capitain — etwas gelassener, ich begehre deinen guten Rath, und keine Schimpfreden.

Der Capitain.

Und hilft bey dir ein guter Rath —? ja hier hintern Ofen, da können wir die Stirne in Falten ziehen, die Zähne zusammenbeißen, und die Arme in die Seite setzen, aber wenn das Ding erscheint — wenn Sie zu winseln anfängt, dann ist die Courage fort, da ists das arme Mägdchen, und das arme Kind, Gott weiß was es alles ist — . Eine Närrin würde Sie seyn, wenn Sie dir gehorchte. Sieh hier Bruder — willst du mir folgen, so sage der Dirne ins Gesicht, daß Sie ein leichtfertiges Stück ist, daß Sie sich an einen Bettler gehängt hat, der sich vielleicht jetzo um den Galgen verdient macht, und wenn Sie nicht pariren will — Maulschellen, eingesperrt, bey Wasser und Brod — Ich schwöre dir, in zwey Monathen soll Sie zahm werden, krumm wollte ich Sie schließen laſſen, wenn Sie meine Tochter wäre.

Fr. von Wichmann.

Dem Himmel ſey Dank, daß Sie es nicht iſt — und daß du keine Kinder haſt, die ſchöne Zucht die das geben würde.

Der Capitain.

Zucht ſagen Sie Madame? Zucht? bey meiner armen Seele — ich habe Kerls gezogen mit Schnurrbärten bis an die Ohren, Kerls die im Feuer ſtunden, wie die Mauren, und ſollte ſo ein Ding nicht zur Raiſon bringen? gebt mir Sie her — nur des Wunders wegen, nur auf acht Tage, wie einen Recruten will ich Sie abrichten, unter dem Gewehr ſoll Sie mir ſtehen, Rechts und links ſoll Sie machen, und wenn ich Ihr einen Corporal zum Manne geben will, wie Ihro Gnaden befehlen, ſoll Sie ſagen.

Wohlau.

Sachte, ſachte Herr Bruder, ſo iſt die Sache nicht gemeynt, es iſt wahr, das Mägdchen könnte mich aufbringen ein wenig härter mit Ihr zu verfahren, aber da ſind doch noch andere Mittel mit deiner Erlaubniß — zumal bey einem Kinde, das keiner Härte gewohnt iſt.

Der Capitain.

Und ich will ein Schurke ſeyn, wenn du mit deinem Hätſcheln etwas Kluges aus dem Weibsbilde machſt, und was ſind denn das für andere

Mittel? Ich denke ein ergrimmtes böses Gesichte? das mag fürchterlich genug aussehen, das arme Kind, ich möchte nicht an ihrer Stelle seyn, aber wenn Sie etwa mit Ihren Thränen kommen sollte, Herr Bruder? die ihr zu Gebot stehn, wenn Sie Lust hat — wie denn? so stehn wir da, wie die Tropfen, so verlieren wir den Kopf, so machen wir ein falsches Manoeuvre, — und so sehn wir uns nach der Flucht um — ja wer sich durch Thränen erweichen ließe, hier muß Eisen seyn Mann — und kein weibisches weiches Herz — Ordre muß die Dirne pariren — oder ihr Vater versteht den Dienst nicht. Was den Jungen betrift, der soll sich endlich wohl die Lust vergehen lassen, denn ich habe ihm ein Briefgen geschrieben, das ihm das Maul zusammenziehen soll.

Wohlau.

Wie kommst du dazu ihm einen Brief zu schreiben?

Der Capitain.

Hatte der Schurke nicht die Frechheit mir eine ganze schriftliche Predigt zu halten, mich zur Sanftmuth gegen die Fräulein Julie zu ermahnen, und was des Zeuges mehr war, ja ich glaube, Gott vergebe mir, er drohete hier und da, aber ich habe ein solches Sendschreiben an ihn erlassen, er wird sich nicht satt dran lesen können.

Sr.

Sr. von Wichmann.

Einen von deinen unmanierlichen Briefen, ich wette — das hätteſt du nicht thun ſollen, Bruder, du wirſt den armen Menſchen zur Verzweiflung bringen.

Wohlau.

Was haſt du ihm denn geſchrieben? wer hat dich darum gebethen? die Wahrheit zu ſagen, das hätte ſehr gut unterbleiben können.

Der Capitain.

Sie reden Herr Bruder, als wenn Sie es ſehr gut verſtünden, und ich ſage dir, mit deiner Erlaubniß, daß nichts ſo vernünftiges in der ganzen Sache geſchehen iſt, und ich bin noch glimpflich genug mit dem Burſchen umgegangen, denn ich habe ihm in aller Höflichkeit angedeutet, daß ich ihn ins Zuchthaus ſtecken laſſen will, daß ich ihm Steckbriefe nachſchicken will, und daß er in keinen Winkel der Welt ſicher ſeyn ſoll.

Wohlau.

Das war allzu hitzig Bruder, der Menſch könnte zu einer ſchlimmen Entſchließung gebracht werden.

Der Capitain.

Könnte er? wenn er recht toll im Kopfe wird? — und kein Mitleiden mehr erwartet, ſo könnte er vielleicht auf den einzigen klugen Gedanken gerathen, dem Kalbfell zu folgen und noch ein braver Kerl zu werden, du siehst Bruder, daß ich es so schlimm nicht mit den Jungen meyne, unter der Fuchtel wird ihm der Kützel schon vergehn, wenn man es recht mit ihm angreift, so kann noch etwas aus ihm heraus gefuchtelt werden.

Fr. von Wichmann.

Bewahre Gott — was das für Anschläge sind — der arme junge Mensch — das ist unerhört grausam von dir Bruder, Er ist Unser Vetter!

Der Capitain.

Wenn unsre Base ein liederliches Mensch wäre, wolltest du Sie wohl auf den Händen tragen? Es ist Liebe vor einen Taugenichts, wenn man sich mit seiner Zucht abgiebt. Lassen Sie mich nur machen, Frau Schwester, gehangen wäre nicht zu viel vor den Bösewicht, der einem ehrlichen Mann seine Tochter verführt.

Wohlau.

Nu nu, hätte der Junge das Unglück nicht in meinem Hause angerichtet, so sollte es ihm nicht übel gegangen seyn, denn er ist sonst ein ehrlicher Kerl. Indessen wir müssen ein Ende aus der Sache machen, willst du nicht meine Tochter rufen, Schwester? ich muß wirklich dem Mägdchen ein paar ernsthafte Worte sagen.

Fr. von Wichmann.

Ich beschwöre dich Bruder, dringe nicht tyrannisch in Sie, du weißt, wie eine zärtliche Creatur Sie ist, Sie ist so schon krank und abgehärmt genug. Sie würde es nicht aushalten — wenn wir durch Zeit und Geduld nichts mit Ihr ausrichten, durch Härte und Uebereilung fürchte ich, machen wir Sie immer elender, und erreichen unsere Endzwecke doch nicht.

(geht ab.)

Vierter Auftritt.

Herr von Wohlau und der Capitain.

Wohlau.

Bruder, ich möchte wohl allein mit dem Mägdchen reden.

Der Capitain.

Und ich möchte das wohl zuhören, denn ich glaube das wird erbaulich und lehrreich seyn, da könnte unser einer verschiedenes bey lernen.

Wohlau.

Wenn ich bitten darf Bruder ich brauche keinen Secundanten, ich will das mit dem Mägdchen allein ausmachen.

Der Capitain.

Damit ich dich nicht auslache? Nein, ich will hier bleiben, nach der alten Kriegsregel,

einen

einen versuchten Kerl muß man neben eine Memme stellen, so thun beyde ihr Devoir.

Wohlau.

Ich will Sie allein sprechen Bruder, Sie ist meine Tochter.

Der Capitain.

Arme — furchtsame Seele! gut, rede mit ihr, bis du heisch wirst, ich will des Todes seyn, wenn Sie einen Pfifferling auf dein Geschwätze giebt. Laß den Jungen auf der Post kommen, bitte Ihn um Gotteswillen, daß er das arme verliebte Ding tröstet — aber — laß mich ihm das Weiße im Auge nicht sehen, daß man ihm das zu wissen thut; die Ehre deiner Familie gehört dir nicht allein zu, es steht nicht in deiner Macht allein die Wohlaus lächerlich zu machen, hier habe ich auch ein Wort mit zu reden — und ich will es reden, daß dir und dem Landstreicher die Ohren davon gällen sollen.

Fünfter Auftritt.

Herr von Wohläu. (allein)

Im Grunde hat er Recht — ich muß dem Mägdchen einmal die Meynung rund aus sagen —

Sechster Auftritt.
Herr von Wohlau und Julie.

Wohlau.

Wieder geweint — und immer geweint — über den tyrannischen Vater, nicht wahr? der seiner lieben Tochter ihren Kerl nicht geben will, das ist sehr grausam, armes Ding, dich zu einer Heirath nöthigen zu wollen, die dir fünf tausend Thaler Einkünfte und einen Mann giebt, der alle Herzen in der Nachbarschaft bricht. Höre gutes Mägdchen, ich habe genug getändelt — meine Geduld ist zu Ende, vier und zwanzig Stunden — und denn — ja — oder es geht bey meiner Ehre nicht gut?

Julie.

O mein Vater! — sind sie denn mein Vater nicht mehr?

Wohlau.

Eben weil ich dein Vater bin, Mägdchen, eben darum will ich dein Bestes, und verlange Gehorsam; hast du nur eine vernünftige Entschuldigung, findest du nur etwas an ihm zu tadeln — Rede —

Julie.

Nichts — mein Vater — nichts — ich bin seiner nicht werth — Er verdient eine Frau die Ihn lieben kann, nicht mich armselige, ich habe kein Herz für Ihn —

Wohlau.

Du haſt ein närriſches Herz; du haſt dein Herz weggeworfen, und ein Bettler hat es aufgenommen. Iſt das der Lohn vor meine Treue, vor meine Liebe? Er — der die letzten Tage meines Lebens bitter macht — Er ſollte meine Tochter haben? ſterben will ich eher — an meinem Grabe könnt Ihr eure Hochzeit halten, du gottloſes eigenſinniges Kind du.

Julie.

Ach mein Vater! Sie beugen mich unter mein Elend — o wie erſchrecken Sie mich — Ich will Ihnen vor den Augen des Allmächtigen ſchwören, keinen Hochzeittag, ſo lange dieſes elende Leben noch währet — ich will Ihre Magd ſeyn, an Ihre Füße gefeſſelt — O laſſen Sie mich Ihre Magd ſeyn — wenn ich Ihre Tochter nicht ſeyn ſoll! Gütiger — großmüthiger Mann — o laſſen Sie mich keinen Mann nehmen — den ich unglücklich machen muß. O mein Vater — iſt denn nichts von Ihrer Liebe gegen Ihre Julie mehr übrig? — iſt denn Ihr Herz ganz leer? — bin ich denn ganz von Ihnen losgeriſſen? iſt denn kein Band mehr zwiſchen Ihnen und ihrem Kinde —?
(Umarmt ihn und küßt ihm die Hände.)

Wohlau.
(Er reißt ſich los, mit einiger Verwirrung.)
Stark will ich ſeyn. (vor ſich). Du biſt für Liebe trunken, meine Tochter — Armes Mägd-

chen —, in diesem Rausch von Leidenschaft will ich dir nichts sagen — aber komme wieder zu dir selber, und denke deiner Aufführung kaltsinnig nach — ich bin nicht grausam gegen dich, wie es gewisse Leute gerne wünschten, aber dein Glück will ich, und das ist meine Pflicht. Es ist mir leid, daß du es von dir wegstoßen willst, aber deiner Schwärmerey, und deiner thörichten Liebe zum Troß will ich Mittel finden, merke dir das, Julie —

Siebenter Auftritt.
Peter und die Vorigen.

Peter.
Herr von Woldemar ist von der Jagd wiedergekommen.

Wohlau.
Ich werde gleich bey ihm seyn — Hier Mägdchen, die Thränen abgewischt, eine heitere Miene; der Mann härmt sich auch ab, wie ein Schatten; so ansteckend ist das Gewinsel. Fort, du sollst mit mir kommen, und führe dich vernünftig auf, ich sage es dir.
(Nimmt sie bey der Hand und geht ab.)

Achter Auftritt.
Peter. (allein)
(sieht nach der Scene)

Ho ho, wer kömmt denn da? zwey Fremde, wer mag das seyn? was mögen Sie wollen?

Neunter Auftritt.

Belmont,
(in einer schwarzen Perucke und einem Ueberrock.)
Werneck und Peter.

Werneck.

Wenn Sie nur nicht erkannt werden?

Belmont.

In diesem Aufzug gewiß nicht, ich habe mich sehr verändert. Stille, hier ist ein Bedienter. (Zu dem Bedienten) Gehört Er hier in dieses Haus, Freund?

Peter.

Unterthäniger Diener.

Belmont.

Ob Er bey dem Herrn von Wohlau ist?

Peter.

Ja, zu Ihrem Befehl.

Belmont.

Schon lange bey ihm?

Peter.

Ja — schon acht Wochen.

Belmont.

So — wird es nicht bald eine Hochzeit in diesem Hause geben?

Peter.

Nun das könnte seyn, und könnte auch nicht seyn.

Belmont.

Wie so, Freund, nicht seyn, warum könnte es nicht seyn?

Peter

Ja nun — die Fräulein sieht einer Braut gar nicht ähnlich.

Belmont.

Wie so? Wie sieht sie denn aus?

Peter.

Als wenn Sie zur Leiche gehen sollte, traurig und bleich, und eine Thräne jagt die andere.

Belmont.

Warum denn das? mag Sie vielleicht den Mann nicht leiden?

Peter.

Getroffen — und dennoch ist es der artigste Herr von der Welt, der jedermann und auch unser einem seinen Respect giebt, und mit allen Leuten freundlich thut, und ihr Herr Vater will es durchaus haben, aber da hilft nichts, Sie will nicht.

Belmont.

Was mag ihr denn im Kopfe stecken? vielleicht ein älterer Liebhaber?

Peter.

Da liegt es eben, denn wie das Gemurmel im Hause geht, so hat sich die gute Fräulein verplempert, wie man zu sagen pflegt, Sie hat sich in einen jungen Menschen vergafft, den mein Herr aus Barmherzigkeit das liebe Brod gegeben hatte, und der nun in der Welt herum streift, oder irgend wo in einem Stockhause sitzt, Gott weiß wo; wenn man ihn ertappen könnte, ich möchte den Lohn nicht mit ihm theilen.

Belmont.

So — Hier guter Freund, auf meine Gesundheit. (giebt ihm Geld)

Peter.

O ich bitte schönstens —

Belmont.

Hingenommen, und das soll das letzte nicht seyn — aber um einen kleinen Gegendienst will ich bitten.

Peter.

O Sie haben zu befehlen, gnädiger Herr!

Belmont.

Er muß mir den Gefallen thun, und von allem Nachricht geben, was diese Hochzeit angeht, alles was vorfällt, Freund, und wenn es noch so gering wäre, ich werde mich noch einige Tage hier im Wirthshause aufhalten; ich möchte doch wohl wissen, was die Sache für ein Ende nähme, und ein tiefes Geheimniß, hört Er — niemand darf darum wissen, Er soll belohnt werden.

Peter.

Sie können sich darauf verlassen, gnädiger Herr, ich werde mir alle Mühe geben. Sie sind allzugnädig.
(Verbeugt sich tief und geht ab.)

Zehnter Auftritt.
Belmont und Werneck.

Belmont.

Hier Werneck, hier ist Freundschaft vonnöthen, hier müssen Sie rathen — handeln — alles thun — dann ich kann nichts — ich kenne keinen Weg kein Mittel — es ist dunkel vor mir her (geht unruhig herum) sagen Sie mir, was soll ich thun?

Werneck.

Was ich Ihnen immer sage, Geduld haben, lassen Sie Ihre Freundinn handeln, Sie liebt Sie viel zu zärtlich, als daß Sie jemals einwilligen sollte.

Belmont.

Sagen Sie das? Sie liebt mich zu zärtlich, sagen Sie, und seit sechs Monath keinen Laut von Ihr, könnte Sie weniger thun, wenn Sie mich haßte.

Werneck.
Weiß Sie Ihren Aufenthalt auch?

Belmont.
Ohne Zweifel, wenn ihr mein letzter Brief in die Hände gekommen ist.

Werneck.
Sie vermuthen wohl ohne meine Erinnerung, daß man sich alle Mühe giebt, ihre Briefe aufzufangen!

Belmont.
O tröſten Sie mich nicht mit Vermuthungen, mit Möglichkeiten, erinnern Sie sich, daß Julie zum Gehorsam, zur Sclaverey gewöhnt ist, daß ihr Oncle ein wilder Bösewicht ist, der ihren Vater verhärtet, und jeder Empfindung der Menschlichkeit in sein Herz zurück treibt! o ich zittere, wenn ich dran denke, wenn Sie gehorcht, Freund, wenn Sie gehorcht, ha so — bin ich im Abgrunde des Elends.

Werneck.
Mein Gott! wie trübe Sie alles sehen, haben Sie nicht eben von ihrem Widerstand gehört? trauen Sie ihr nach so langen Kämpfen, keine Standhaftigkeit zu?

Belmont.
Kämpfe sind es, Werneck, das ist wahr, gegen einen Vater den Sie liebt, gegen einen Oncle den Sie fürchtet, zum Vortheile eines Lieb-

habers, der nach ihrer Meynung weit von Ihr
ist, den Sie nicht sieht, dessen Stimme Sie
nicht hört, der todt seyn kann, wenn man meine
Briefe auffängt, womit sollte sich diese Liebe
wohl nähren? wie kann sie immer stark genug
seyn, sich gegen Drohungen, gegen das noch
weit mehr mächtige Bitten Ihres Vaters zu
behaupten? Nein Werneck, schmeicheln Sie
mir nicht mit einer betrügerischen Hoffnung, ge-
wöhnen Sie mich lieber nach und nach auf die
Donnerwolke zu sehen, die über meinem Haupt
hängt, die mich zerschmettern wird. Aber was
das für ein Mann seyn muß — dieser Woldemar — verabscheuen Sie ihn nicht?

Werneck.

Weil Er Ihre Julie eben so liebenswürdig
findet, als Sie — weil Er eine Verbindung
vollziehen will, die schon so lange unter den
Vätern geschlossen ist? verachten? ich kann das
nicht sagen, Belmont, man sagt, daß er ein
verdienstvoller Mann ist. —

Belmont.

Sind Sie mein Freund? nennen Sie den
einen verdienstvollen Mann, der sich mit dem
Ansehen eines Vaters waffnet, um die Unschuld
zu unterdrücken — der Ihre Thränen sieht,
Ihre Seufzer hört, und da steht, wie ein Fels,
nichts fühlt, so wenig wie ein Henker bey der
Marter eines Heiligen, dessen unzärtliche Seele
den Gedanken erträgt, ein Mägdchen an sich

feſſeln zu laſſen — die voll von der Liebe zu einem andern iſt! der durch die lange Reihe ihres künftigen Elends, durch die Auftritte einer jämmerlichen Ehe hindurch ſehen kann, und nicht durch ſein ganzes Gebeine zittert! den kalten Böſewicht nennen Sie? — ein Unmenſch iſt er — ich muß ihm ſprechen.

Werneck.

Belmont — Sie werden gewiß mit dieſer Hitze noch alles verderben — was das für Ausbrüche ſind — wenn Sie noch länger meinen Rath erwarten — ſo müſſen Sie gelaſſener ſeyn.

Belmont.

Gebieten Sie dem Sturmwind zu ſäuſeln — und der Flamme zu ſäumen, mir gebieten Sie Gelaſſenheit? o Werneck — Sie ſind kalt — Sie kennen die Leidenſchaft nicht —

Werneck.

Und ich ſage Ihnen, liebſter Belmont, alle Umſtände die Sie bisher wiſſen, ſind nicht nachtheilig — ein Mägdchen, das ſo lange Muth gehabt hat, iſt auszuhalten fähig. Sie ſollten wenigſtens Ihrer Geduld nachahmen — Kommen Sie Freund — man wird Sie entdecken.

Belmont.

Laſſen Sie mich — Sie muß wiſſen, daß ich hier bin.

Werneck.

Damit Sie alles verdoppeln, Drohungen und Bitten, damit man die Gewalt zu Hülfe ruft, damit Sie das Unglück der Julie entscheiden, fort Belmont, eine nähere Entwickelung müssen Sie abwarten. Seyn Sie ein Mann.

Belmont.

Führen Sie mich hin, wohin Sie wollen.

Zweyter Aufzug.

Erster Auftritt.

Julie und Dalton.

Julie. (ſitzend)

Haſt du denn auch keinen Troſt für mich, liebſte Dalton? keinen treuen mütterlichen Rath? der mich ſo oft aufgerichtet hat in den Zeiten meiner Jugend, wenn eine trübe Wolke ſich aufzog. O dieſe Zeiten, Dalton, das waren glückliche Zeiten. Erinnerſt du dich noch, wie ich und Wilhelm hier um dich her ſaßen, und dir zuhörten? Wie wir mit in einander geſchlungenen Händen hier vor dir ſaßen? Wie Wilhelm zerſtreuet über ſein Buch weg auf mich hinſah, und wie du auf ihn ſchmählteſt — o nur eine Minute aus dieſer Zeit, Dalton — Nun, o mein Gott! nun iſt alles leer um mich — es iſt mir, als wenn ich in einer Wüſte lebte — ich fürchte mich um mich zu ſehen — nirgends, nirgends in keinem Winkel des Hauſes iſt Wilhelm, auch nicht im Blumengarten Dalton, wo ich ſo oft hinter ihm her ſchlich, und ihn belauſchte, wenn er Roſen für mich pflückte, o wie ſtolz ſah ich alsdenn aus, wenn ich von ſeiner Hand bekränzt zu dir hereintrat! Nun, wenn ich in Blumengarten komme — ſo ſehe ich die Rosen nicht mehr, aber ich sehe die Thränen meines Vaters, Dalton, ich sehe deine Thränen, alles, was ich ansehe, weint, und das alles meinetwegen — O was muß ich für ein böses Mägdchen seyn! daß mein Vater über mich weinen muß — o du bester Vater — o wenn ich — o wenn ich dir doch gehorchen könnte.

Dalton.
(indem sie sich die Augen trocknet.)

Gewiß Fräulein, ich werde mir noch die Augen aus dem Kopfe weinen — freylich sind Sie immer ein gutes Kind gewesen. O Ihr Vater, er ist wahrhaftig zu hart, gewiß und wahr, seinem einzigen Kinde einen Mann aufzudringen — Nun es ist nicht zu läugnen, Fräulein — wie ich oft gesagt habe, Woldemar ist ein recht guter Mann — bescheiden und vernünftig und reich — und ein recht schöner Mann von Ansehen — der, wie es scheint, ein gutes Herz hat, und Sie von ganzer Seele liebet.

Julie.
Das kann alles wahr seyn, Dalton — aber Wilhelm!

Dalton.
Wilhelm — ach ja freylich mein guter Wilhelm — er war mein Augapfel, wie Sie wissen — armes Fräulein — ich kann Ihnen so unrecht nicht geben — aber Ihr Vater ist

sehr erzürnt — und ich fürchte — es ist alles vergebens.

Julie.

Gewiß, es ist alles vergebens — kannst du es glauben Dalton — Mein wilder Oncle sagt mir ins Gesichte von Bettlern — Ihm wirst man sein Unglück vor, Ihm wirst man es vor, daß man ihn ins Elend gejagt hat — Ihm, der es fühlt, ist das nicht unerhört grausam?

Dalton.

Gott verzeih es dem wilden Menschen — wenn das der gute brave Wilhelm wüßte, das würde ihm so nicht hingehen. Aber werden Sie ruhig, Fräulein — wer weiß wie sich das alles nach ändert — Härmen Sie sich doch ab, daß es einem durch Mark und Beine geht.

Julie.

Du bist es allein, Dalton, der in diesem Hause mein Elend nahe geht, o wenn ich dich nicht hätte, aber gelassen zu seyn, meine Beste, das steht nicht in unserer Macht — o wenn ich gehorchen könnte, Dalton, o wenn ich ihn vergessen könnte, so wär ich ein glückliches Mägdchen.

Dalton.

Haben Sie es ernsthaft versucht, Fräulein? Sie wissen, wie gut ich es mit ihnen meyne, aber gewiß und wahr, er scheint Ihnen nicht beschieden zu seyn.

Julie.

Ich verfahre in meinem Herzen so hart mit ihm, als mein Vater, ich halte mir alle seine Fehler vor, seinen Leichtsinn, seine Wildheit, ich verberge mir seine schlimme Seite gewiß nicht, wer weiß, sage ich mir, ob ihn nicht böse Gesellschaft verbirbt — ob ihn nicht das Elend niederträchtig macht — wer weiß, ob ihn nicht eine andere Liebe fesselt, und das ist alles möglich, Dalton, aber mein Herz empöret sich dagegen, und mein Jammer nimmt zu. Heute will ich nicht an ihn denken, das war oft mein Vorsatz, wenn ich mich lange gequält hatte, und wenn der Abend heran kam — so hatte ich an sonst nichts gedacht, oft will ich mich durch Lesen zerstreuen, und ich finde kein Buch, das mich nicht endlich auf ihn lenkt. Ja, kannst du es glauben? so gar in der Andacht des Gebets stöhrt er mich, sein Bild schwebt vor mir, auch wenn ich meine Augen nach dem Himmel richte, und nur dann bete ich brünstig, wenn ich vor ihm bete. Kein Schlaf erquickt mich mehr, ich werfe mich unruhig herum, und seufze nach dem Tage — Das geringste Geräusch erschrecket mich, und wenn nach langer Angst die Natur ermüdet, wenn ich kraftlos einschlummere, keine so empfindliche Seele, so plagte man mich nicht mit dem Stolz der Geburt, so wählte mein Herz, und ich wäre glücklich.

Dalton.

Sie können es noch werden — Liebstes Kind, Sie können es noch werden, wenn Sie nur nicht so muthlos wären — Arme Julie, Ihr Vater ist verführt, verblendet, durch den gottlosen Capitain — Er muß Ihnen seine Liebe wiedergeben, und glauben Sie mir, er wird es thun.

Julie.

Dalton, ich habe einen Gedanken — du weißt, daß ich bisher immer Woldemarn gemieden habe, daß ich vor ihm geflohen bin, die Verfolgung, die ich ausstehe, und die er veranlaßt, hatte mich gegen Ihn aufgebracht — Wie wär es Dalton, wenn ich Ihm mein ganzes Herz ohne Bitterkeit zeigte? Wenn ich ihm sagte, daß mein Glück und mein Unglück in seiner Hand steht? daß er mir meinen Vater, und o Dalton, was könnte er mir alles wiedergeben; ich wollte wohl vor ihm knien, wenn er sich bewegen lassen wollte. —

Dalton.

Versuchen Sie das, Fräulein — Gott erweiche sein Herz, er müßte ein Unmensch seyn.

Julie.

Wenn ich mich nur fassen kann, Dalton. Alles dieses hat mich so mürbe gemacht, und ich muß vielleicht lange und nachdrücklich mit ihm reden. Geh hin, Dalton, und rufe mir Woldemarn.

(Dalton geht ab.)

Zweyter Auftritt.

Herr von Wohlau,
(der die letzten Worte gehört hat,)
und Julie.

Wohlau.

So bist du ein gutes liebes Mägdchen. Ja, ja Kind, laß Ihn rufen, du sollst Ihn haben, du mußt Ihn haben, und du wirst es mir danken. Bist du noch böse auf mich, Julie, bist du noch böse? der tolle Capitain hat mir den Kopf so warm gemacht, sey nicht böse, Kind. O was du mir für eine Freude machen wirst? Dein Hochzeittag, das wird mein anderer Hochzeittag seyn. (Nimmt sie bey der Hand) Willst du denn nicht ein wenig heiter werden, Kind? lächle wenigstens, ich habe dich so lange nicht lächlen sehen, und diese Grübchen habe ich so lange nicht gesehen.

Julie. (küßt ihm die Hand.)

Gütigster Vater! — o wenn ich Sie vergnügt machen könnte! mein Leiden sollte mir nichts seyn — ich habe viel ausgestanden — ich lasse Woldemar rufen, und an dieser Unterredung hängt mein Schicksal, da Sie mich noch lieben, mein bester Vater, so erlaube ich nur Hoffnungen.

Wohlau.

Ich dich noch lieben? Mägdchen, du liegst mir am Herzen, wenn habe ich ausgesehen, als wenn ich dich nicht liebte? Diese Heirath will ich bloß aus Liebe zu dir, ich will dir mein bestes Gut mitgeben, das ich keinen Fürsten abtreten würde. Aber du bist ein wunderliches Mägdchen, der junge Spitzbube hatte mich aus deinem Herzen heraus gejagt, nun ich wieder darinnen bin, so laß ihn kommen, wir wollen sehen. Ich liebe dich bey meiner Treue so gut als Er, und ich habe dich ein gutes Theil länger geliebt als Er? Es klopft Julie, ich will mich davon machen, sey ein gutes vernünftiges Mägdchen, hörst du? —

Dritter Auftritt.

Julie.

O! daß ich diese Zärtlichkeit meines Vaters so schlecht erkennen muß!

ein Trauerspiel.

Vierter Auftritt.
Julie und Woldemar.

Woldemar.

Sie haben befohlen, Fräulein — aber Sie weinen — o ich verstehe diese Thränen — über mich weinen Sie — Meine Zärtlichkeit, meine Geduld, meine Ehrerbietung gegen Ihre alte Liebe, alles dieses macht nichts als traurige Eindrücke bey Ihnen, ich komme Ihnen immer hassenswürdiger vor; der Verfolger, denken Sie — Ich gestehe es Ihnen, ich bin nicht großmüthig genug, die schönste Hoffnung meines Lebens kaltsinnig aufzugeben. Ich habe mir geschmeichelt, ich läugne es nicht, daß meine Aufführung Sie zu einiger Gütigkeit bewegen würde — wenn ich mich auch bescheiden mit Ihrem Freunde vergleiche, wenn ich auch alle Vortheile des Glücks aus der Rechnung weglasse, so dünkt mich doch Julie und ich bin stolz darauf, er soll es mir in der Liebe zur Tugend und zu Ihnen nicht zuvor thun. Ich könnte die Wünsche Ihres Vaters anführen —

Julie.

Die Wünsche meines Vaters — o sie liegen schwer auf meiner Seele — Allein, wenn Sie wirklich der Mann sind, der edel denkt — den das lange Leiden eines armen Mägdchens rührt — der die Wünsche meines Vaters nicht gewaltthätig anwenden will — Wenn Sie der Mann sind, Woldemar, so hören Sie mich einen Augenblick. — Der junge Mensch, von dem Sie reden, hat ein rechtschaffenes Herz, ein Herz, das weit über seinem Glück ist — wer wird auch elend genug seyn, ihm seine Armuth vorzuwerfen? Ehe ich Sie kannte — ehe man mir sagte, daß ich unter das Vermächtniß Ihres Vaters gehörte, da liebten wir uns schon — In dem Frühling unsers Lebens liebten wir uns, und mit einer Liebe die rein war, wie unsere Unschuld! Ach, wie hat sich dieses alles geändert — wie ruhig, wie sanft giengen unsere Tage vorüber! — Aber Sie, Woldemar — Sie sind in dieses Haus gekommen — und eine lange Reihe von Elend kam hinter Ihnen her — Meinem Vater mißfiel unsere Zärtlichkeit nicht eher, als bis er Ihre nahe Ankunft vernahm, und der gütigste Vater wurde auf einmal hart und unerbittlich, da waren wir nicht mehr seine Kinder, die Freude seines Alters, da war ich nicht mehr seine einzige Julie, in deren Zügen er meine Mutter wieder fand, da war Belmont nicht mehr ein Sohn, den ihm der Himmel wiedergegeben hatte; ach ein Bösewicht sollte er seyn, ein Undankbarer, ein Bettler. O Belmont! was hast du nicht meinetwegen erduldet! Aus diesem Hause ward er weggejagt, ehe Sie es betraten — Man sagt, daß er Freunde gefunden hat. — Aber ach, seine Julie — die wird hier von Ihrem Vater, von Ihren Verwandten gemartert

tert — von einem Mann mit seiner Liebe gemartert —

Woldemar.

Julie, seyn Sie gerecht, denken Sie auch an das Leiden dieses Mannes, was für ein Opfer verlangen Sie von mir? Sollte ich meine Ansprüche zum Vortheil eines Menschen aufgeben, den ich nicht kenne — Dürfte ich wenigstens nicht hoffen, daß meine Beständigkeit und ein näherer Umgang mir Ihr Herz geneigt machen würde? Was sollte mich bewegen zu glauben, daß eine Liebe der ersten Jugend, die noch nicht Leidenschaft seyn konnte, immer fortdauren würde? Und Ihr Vater, Julie — mir werden Sie doch seine Strenge nicht schuld geben? Ueberlegen Sie meinen Zustand mit Gelassenheit, Julie. Ich erschrack anfangs über eine Verbindung, bey welcher man uns beyde nicht zu Rathe gezogen hatte, aber ich hätte Sie kaum gesehen, kaum hatte ich Ihr vortrefliches Herz entdeckt, als ich das Andenken meines Vaters mit Freudenthränen segnete — O Sie wissen es, Julie, daß ich Sie zärtlich liebe, Ihr Kaltsinn — Ihr Haß hat diese Liebe nicht entkräftet — Verzeihen Sie mir, verzeihen sie es der Macht der Liebe, die Sie zu meinem Unglück so sehr kennen, wenn ich nicht stärker bin, als Sie selbst — Nein Julie; ich kann mich nicht zu der Verläugnung erheben — der Sieg ist zu groß — ich würde

mein

mein Leben nicht ertragen, wenn nicht noch ein Strahl von Hoffnung —

Julie.

Keine Hoffnungen — Ich betheure Ihnen vor Gott, Woldemar, ich kann Ihnen keine Hoffnungen geben — Ja — wenn Sie grausam genug sind — wenn mein Vater unerbittlich ist — wenn ich seine Zufriedenheit nicht anders als mit meinem Elend erkaufen kann — so kann man mich hinschleppen zu dem Altar, wenn Sie das Ihr Glück nennen — sich mit dem armseligen Ueberrest eines abgehärmten Mägdchens zu verbinden — Großmüthiger Mann — sprechen Sie mein Urtheil aus, sagen Sie es meinem Vater, ich hoffe mich auf diesen schrecklichen Tag vorzubereiten — wie ein Todestag schwebt er vor mir — O Woldemar, wenn ich Sie erbitten könnte! Wenn Sie Thränen rühren! wenn Ihr Herz nicht hart ist! — Wenn Sie diese zerrüttete Familie wieder aufrichten wollten! — Wenn es wahr ist, daß Sie mich lieben! O stürzen Sie mich nicht in diesen Abgrund des Verderbens — Ich zittere vor Ihnen Woldemar — Sie würden mir wie ein Engel vorkommen — Sie können das Leben eines armen Mägdchens retten — wenigstens ihren Tod aufschieben, denn dieses Elend — es kann nicht lange mehr währen. — (fällt vor Ihm auf die Knie und weint,) O Woldemar! — erbarmen Sie sich —

Woldemar.
(Indem er sie schnell aufhebt.)

Theureste — das ist nicht auszuhalten — Sie nicht zu lieben soll Großmuth seyn? —
(Geht unruhig herum.)

Julie.

Ja Großmuth ist es, himmlische Großmuth — Vortrefflicher Mann — Mein Freund — Freund meiner Seele, o verfolgen Sie mich nicht mehr — Darf ich Ihre Freundschaft nicht hoffen? Woldemar! darf ich nicht hoffen?

Woldemar.

Ich verdiene die Ihrige nicht — hier empört sich die Leidenschaft — mächtig empört sie sich. Aber fürchten Sie nichts, wenn hier jemand unglücklich seyn muß — Ha Julie — Sie fordern zu viel — so groß ist meine Seele nicht.

Julie.

Tugendhafter, würdiger Mann — Mein Elend oder mein Glück hängt an Ihrem Entschluß.
(geht ab.)

Fünfter Auftritt.

Woldemar. (allein)

Ich will mit Ihrem Vater reden — ich will es ihm sagen, was? — daß ich Sie nicht mehr liebe? mein Herz empört sich gegen die Lüge —

und der Flüchtling — den Ihr Vater verach.
tet, verfolgt, verabscheuet — der es vielleicht
verdient — den ich nicht kenne — O Julie!
was forderst du von mir? und wird das alles
Ihr Schicksal mildern? Kann ich Ihren Va,
ter, Ihren Oncle besänftigen? O Julie! was
wird es dir helfen, wenn ich mit dir elend bin? —
O wenn du dich entschließen könntest! — Ich
wollte deinem Herzen das Geständniß abzwin.
gen, daß auch ich deiner werth bin — (geht un,
ruhig herum) von Ihrer Jugend an liebten Sie
sich — Der Tag unserer Vermählung, wie
ein Todestag schwebt er vor Ihr — Und
Sie sagte das mit der Miene des Todes! —
Ich sollte deine Tage verkürzen? Ich sollte aus
deiner unschuldigen Seele den letzten Keim der
Freude vertilgen? — Ich sollte dich in meinen
Armen verblichen sehen? — Ihr Vater
kommt — ich zittere —

Sechster Auftritt.
Woldemar und Herr von Wohlau.

Wohlau.
Nun Woldemar — ist nun die kleine Rebellin
gebändigt? ich wünsche Ihnen Glück dazu, und
mir auch. Wie sich das Mägdchen ziert und
gebärdet, und das kann sich doch nur auf eine
Weise endigen — Aber was ist das? — ein
finsteres Gesicht? Haben Sie sich mit Ihr ge,
zankt?

ein Trauerspiel.

Woldemar.

Sie haben eine vortreffliche Tochter.

Wohlau.

Die hab ich auch, bey meiner Ehre, und Sie sollen eine vortrefliche Frau kriegen, oder ich verstehe es nicht.

Woldemar.

Nicht ich.

Wohlau.

Was? — wie kommen Sie mir vor? — wollen Sie das Mägdchen nicht?

Woldemar.

Nein — ich kann es nicht wollen.

Wohlau.

Ich begreife Sie nicht — Sie wollen mich also beschimpfen?

Woldemar.

Da sey Gott für.

Wohlau.

Und was kömmt Ihnen denn an? Warum wollen Sie das Mägdchen nicht?

Woldemar.

Ich müßte ungerührt das Elend der Julle wollen — Nie war eine Leidenschaft heftiger; aber ein Bösewicht müßte ich seyn — wenn ich sie nicht wie eine Begierde zum Laster unterdrückte — O wenn Sie Sie gesehen hätten, mit der Angst in Ihrer Miene — wie das unschuldige Herz sich hob — wie die Seufzer sich drängten! Ihr Entsetzen vor der Zukunft; wie Sie mich, mich um Errettung bat — O Sie würden wie ich alles, alles weggegeben haben — Ich habe Sie unaussprechlich geliebt, und noch und ewig ist kein anderer Gegenstand, als Sie, in meiner Seele. Aber Ihr Mann zu seyn — verflucht sey der Gedanke.

Wohlau.

So haben Sie es also auch erfahren, was das Mägdchen mit ihrem Gewimmer vermag — Ich kann es begreifen, denn wenn Sie weint, so bin ich auch weg. Aber Thränen, Woldemar, sind keine Vernunftschlüsse. Diesen Landläufer soll Sie bey Gott nicht haben.

Woldemar.

Und ich darf Sie — Ich will Sie nicht haben.

Wohlau.

Sie sind ein furchtsamer Mann, Woldemar, wenigstens ein Versuch muß noch gewagt werden. Sie muß die Vortheile dieser Heirath noch einsehen. Nur Geduld, wir wollen Ihr nun ein wenig Ruhe lassen, oder auch mit der Zeit ein wenig mehr Schärfe gebrauchen, alles nachdem sie sich anläßt. Sieh, hier kommt mein Bruder.

Woldemar.

Der Todfeind Ihrer Tochter — hören Sie Ihn nicht. Ich beschwöre Sie, Mitleiden mit Ihrem Kinde; ich betheure Ihnen vor Gott, Sie kann niemals die meinige werden. —

(geht ab.)

Siebenter Auftritt.

Der Capitain und Herr von Wohlau.

Der Capitain.

Nun, was macht die Dirne, Bruder? Ist Woldemar bey Ihr gewesen? Hat Er ihr den Kopf zurechte gesetzt?

Wohlau.

Der Henker werde klug aus der Sache. Nun will Er Sie nicht haben, Sie hat ihm was vorgeweint, und da geht er nun hin, der arme Tropf, und weiß sich nicht zu helfen, und will Sie nicht unglücklich machen, wie Er sagt — Ich werde noch toll im Kopfe bey alle dem Zeuge, wenn es nur ein Ende nähme, es möchte denn gehen wie es wollte.

Der Capitain.

Heyda, ein feines Stück Arbeit, bey meiner armen Seele — was zum Henker, ist so wenig Kerls an dem Woldemar? Was hast du aber Lust zu thun, Bruder?

Wohlau.

Das ist eben die Frage, was ist da zu thun? wenn Sie beyde nicht wollen, so wird das wohl aus seyn — Ich denke zwar Wolbemar würde sich zu der Heirath nicht lange bitten lassen, aber das Mägdchen ist unbeweglich, wie es scheint, ich glaube nicht, daß wir etwas mit ihr ausrichten.

Der Capitain.

Narrenspossen — also müssen wir wohl hingehen und die Mamsell um Vergebung bitten, des Zumuthens wegen; ferner so lassen wir den Jungen aus der Fremde kommen, und staffiren Ihn aus, wie einen Baron, und ersuchen Ihn gehorsamst, ob er uns nicht die Ehre erweisen — O Wetter! das ist verteufelt. Höre Bruder — wenn du Lust hast, dein Geschlecht zu beschimpfen, so schwöre ich dir, (schlägt auf den Degen) hier ist Rath dafür, an die Wand will ich den Kerl spießen, wenn er sich auf zehen Meilen in der Runde sehen läßt. Und dieser Wolbemar, ein braver Kerl soll er seyn — und ein Mägdchen jagt Ihn ins Horn, weil Sie winselt und lamentirt und verrückt im Kopfe ist? — Mich laß mit Ihr reden, was gilts Sie soll Mores lernen — Diese Vestung will nicht capituliren? — gut, so muß Sie ausgehungert werden, oder mit Sturm erobert — und denn keine Gnade, und wenn das Ding auf allen Vieren kröche. Ihr Leute, die ihr hinterm Ofen grau werdet, seyd keines Ent-

schluſſes fähig, der einem Mann von Ehre an-
ſteht.

Wohlau.

Sachte, sachte, Herr Bruder! Sie ſind nicht in Feindes Land, wie Sie wiſſen, nur in Garniſon, auf einen freundſchaftlichen Fuß, und bekommen Ihre Fourage umſonſt; alſo das Sturmlaufen wollten wir uns wohl verbeten haben.

Der Capitain.

Poh — raiſonire was du willſt — verächtliches Geſchwätze, ich ſage dir, daß du in deinem Hauſe verrathen biſt. Deine Tochter rebellirt, die alte Dalton und alles conſpirirt gegen dich. Hier muß ein Coup gemacht werden, beym Kopf muß man Sie nehmen — Das Zeug verdiente —

Wohlau.

Mit deiner Erlaubniß, Bruder — man kann mit einer Familie nicht umgehen, wie mit einer Compagnie.

Der Capitain.

Und warum nicht? wenn nur der Chef etwas taugte, und wenn die Exercierzeit nicht verſäumt worden wäre. Hätteſt du das Ding in der Jugend auf das Commando paſſen gelehret, ſo würdeſt du jetzt den Verdruß nicht von Ihr haben. Noch eins, und denn verlier ich kein Wort mehr. Die Dirne hat noch gar keine

Schärfe geschmeckt, einmal wenigstens muß Sie es versuchen; wag es auf mein Wort, und gieb mir die Schuld, wenn Sie nicht zum Kreuze kriegt. Denkst du, daß diese Frauensleute vom Weinen sterben? so wenig als wie andere vom Fluchen. Ihr Gewimmer ist weiter nichts als ein höherer Accent ihrer Sprache, das ist ihnen natürlich, und der Teufel hol, alles Natürliche bekommt dem Menschen wohl. Eine verdammte Kriegslist ist es, wenn Sie merken, daß man in der Attaque avancirt, so setzen Sie das Land unter Wasser, und so stehen wir disseits und gaffen in die Luft und machen ein albernes Gesichte. — Ich sage es dir noch einmal, laß mich mit Ihr reden, und nenne mich einen elenden Kerl, wenn ich es nicht in einer Viertelstunde so weit bringe, daß Sie sich auf Gnade und Ungnade ergiebt.

Wohlau.

Ich fürchte deine Wildheit, Capitain, du bist zu ungestüm, Bruder, ich wünschte Sie durch Gründe, und nicht durch Härte, zu bewegen. Es ist freylich ein verzogenes Kind, ich bin ein allzugütiger Vater gegen Sie gewesen, aber Sie ist mein einziges Kind, Bruder.

Der Capitain.

Und das einzige Kind kann gehorchen oder nicht, wie Sie Lust hat?

ein Trauerspiel.

Wohlau.

Julie war immer ein gutes folgsames Mägdchen.

Der Capitain.

Weil ihr Herr Vater immer ein guter nachgebender Tropf war. Ist Sie jemals außer jetzo auf die Probe gestellt worden? Kurz und gut entschließe dich — willst du mit Schande die Approchen verlassen — oder willst du denn ein Kerl seyn? Ha! Sie kömmt — weg — du wirst bleich um die Nase — weg — bey die Arriergarde — bey die Bagage —

(will ihn wegstoßen.)

Achter Auftritt.

Julie und die Vorigen.

Julie.
(mit aufgehobenen Händen läuft zu ihrem Vater und will ihn umarmen.)

Mein theurester Vater — haben Sie mit Woldemarn gesprochen?

Wohlau. (stößt sie weg)

Weg — eigensinnige, halsstarrige Tochter — weg — hier, mein Bruder wird dir meinen Befehl sagen, — und meinen Fluch, wenn du nicht gehorchst —

Julie.

Fordern Sie mein Leben. Mein Vater —

Wohlau.

Gehorsam fordere ich, daß du mir nicht vor die Augen kommst, nicht aus deiner Stube — du sollst deinen Vater nicht wieder sehen, bis du seine Tochter wieder bist.

(geht ab.)

Neunter Auftritt.
Julie und der Capitain.

Julie.
(läuft ihrem Vater nach)

Mein Vater — mein Vater — um Gottes willen!

Der Capitain.
(Nimmt sie bey dem Arm und führt sie zurück.)

Heyda — meine schöne Widerspänstige, erlauben Sie gütigst — der Teufel hol — hätten Sie mir nicht bald einen Marsch abgenommen? Ich muß das Defile hier besetzen.

(Stellt sich vor die Thür.)

Julie.
Lassen Sie mich zu meinem Vater, zu meinem Vater, in meine Stube, in mein Gefängniß. Sie sind ein grausamer Mann.

Der Capitain.
Nicht doch, Fräulein Julie, ich habe Ihnen die schönsten Sachen von der Welt zu sagen. Wissen Sie wohl, daß Ihr allerliebster Belmont bald hier seyn wird?

Julie.
(weint und ringt die Hände.)
Der Capitain.
Fassen Sie sich, armes Kind, ich spaße nicht, bey meiner armen Seele! ich habe ihm die besten Windhunde im Königreiche nachgeschickt, und wenn sie ihn aufspüren, so werden Sie ihn sehen, auf dem Triumphkarren, und wie ein römischer Bürgermeister, mit Häschern umgeben — Ha ha ha, Sie können ihm denn von Ihrem Fenster herunter ein Mäulgen zuwerfen. Ha ha ha.

Julie.
Ha! wer errettet mich? Ich frage Sie — bin ich in Ihre Hände gegeben?

Der Capitain.
Sapperment — mit dem zornigen feurigen Blick — in meine Hände oder in meine Fäuste, wie Sie wollen, mein Kind — denn ich werde so leise nicht zugreifen, wie der Herr Papa und der Tropf Woldemar, der vor Ihr in die Knie sinkt, wie ein lahmer Hund — Ich will es versuchen, ob ich die gebieterische Schöne nicht bändigen kann, der Befehl Ihres Vaters und Ihrer ganzen Familie ist — Zugehört! — (dreht ihr das Gesicht herum,) und wenden Sie das hartnäckige Köpfgen nicht weg. (Mit stärkerer Stimme.) Verkehrtes — eigensinniges liebetolles Mägdchen — du sollst, du mußt Woldemarn nehmen, du sollst an den Landläufer nicht

denken — und wenn du nicht gehorchst, Fräulein — so mache heute noch deinen Bündel zu rechte, mache dich gefaßt, auf die Straße gestoßen zu werden, du kannst ihn alsdenn aufsuchen, lieberliche Dirne, du hast eine kleine zierliche Stimme, wenn der Junge die Sackpfeife lernt, so könnt ihr vielleicht vor den Hausthüren euer Brod verdienen.

Julie.

Sollen Sie mir das von meinem Vater sagen? — Sie sind mein Oncle nicht — Sie sind —

Der Capitain.

(hebt die Hand drohend gegen sie auf.)

Was bin ich — du trotziges Ding?

Julie.

Schlagen Sie mich — jagen Sie mich fort aus diesem Hause — wenn das mein Vater befiehlt — O mein Oncle! ich flehe vor Ihnen, bitten Sie für mich, erbarmen Sie sich — ich will nicht heirathen — niemals, niemals — Was wird es Ihnen helfen? — Woldemar will mich nicht — Er hat es geschworen, und ich will eher sterben. — Kräfte — Kräfte dieses alles zu ertragen.

Der Capitain.

Warum fahren Sie nicht noch ein wenig fort? Bey meiner armen Seele das Gewinsel läßt dir so übel nicht, und das Magdalenengesichte kleidet dich viel beffer als die Kerlsmiene, die du einen Augenblick zuvor hatteſt — Es iſt nur Schade, daß die Comödiantenſtreiche bey mir alle nichts helfen — Komm — heule dich ein wenig aus meine Tochter — der Eigenſinn muß Luft haben, in der Hauptſache bleibt es dabey — fort! —

(Nimmt ſie beym Arm.)

Julie.

Wo führen Sie mich hin? —

Der Capitain.

In deine Stube, Herzgen — Wir wollen den Vogel ein wenig in den Bauer ſperren, bis er das rechte Lied pfeiffen lernet, fort —

(Schleppt ſie fort.)

Dritter Aufzug.

Erster Auftritt.

Belmont.
(Kömmt tiefsinnig herein.)

Allein mit Ihm verschlossen — mit Ihm allein — vor dem Sie bebte — schreckliches Geheimniß — vielmehr kein Geheimniß — nur allzuoffenbar — Sie ist vor mich verlohren —

Zweyter Auftritt.
Werneck und Belmont.

Werneck.
Was machen Sie schon wieder hier? Sie wollen gewiß noch entdeckt werden. Fort — in diesem Hause ist alles in der größten Gährung — Der tolle Capitain ist hier —

Belmont.
Er — Ich verachte Ihn — und wenn Er den Muth hätte, der ihm fehlt. Gefahr des Lebens ist Hoffnung bey meinem Zustande. Freund, da ist kein Trost mehr — ich suche ihn tief in meiner Seele — habe ich es Ihnen gesagt? Ich verhehle es vor mir selber — die Meyneidige — Sie hat sich eine halbe Stunde lang mit ihm in Ihr Zimmer verschlossen. D

Donner des Himmels und du säumtest — an dem Ort, wo die Eidschwüre geschahen.

Werneck.

Diese ganze schreckliche Nachricht beruht, ich wette, auf dem Geschwätze des Dieners — und wenn Sie auch mit Ihm verschlossen war, wer nöthigt Sie das Aergste zu fürchten?

Belmont.

Ach, Sie flohe vor ihm, wie eine schüchterne Taube — Blaß wurde Sie, wenn Sie Ihn von ferne sahe — Woher diese schleunige Aenderung! wenn es nicht Meyneid — weibischer Unbestand — Verrätherey ist — O Sie kennen die Arbeit, die Beklemmung dieses Herzens nicht — Theureste — verführte — treulose Julie! mit welchem Entsetzen wirst du aus diesem Traum erwachen! vor dir wird mein Schatten fürchterlich hergehen — Du kannst nicht mehr beten? nein, nicht mehr zu dem Gott, bey dem du geschworen hast.

Werneck.

Wie geschäfftig Sie sind, zu quälen! — Wer hat es denn gehört, daß Sie Ihm gütiger begegnet? — Sie war allein mit Ihm, sagen Sie — vielleicht hat Sie Ihm freymüthig den Zustand Ihres Herzens entdeckt, vielleicht hat Sie diesen Schritt, der Ihr schwer ankommen mußte, bloß zu Ihrem Besten gethan. Wie wäre es, wenn Sie an Julie schrieben von dem letzten Ort unsers Aufenthalts her? damit Sie uns in der Nähe vermuthete — und alle Kräfte anstrengete?

Belmont.

Ich habe mehr gethan, ich habe Ihr Bildniß, das ich abgöttisch verehrte, wie Sie wissen, in Ihr Zimmer legen lassen, und zwey Worte dabey geschrieben, wenn Sie nicht ganz verhärtet ist, so muß Sie bey diesem Anblick zurücke beben — so muß Ihr die Stunde, da Sie mir es gab, gegenwärtig seyn, die heilige unvergeßliche Stunde! O Werneck! ich bin zweyfach elend, ich habe die Entzückungen einer glücklichen Liebe geschmeckt, ich war auf dem Gipfel erhöht, von welchem ich die Großen der Erden weit unter mir sah, nun bin ich gestürzt, ich winde mich unten im Staube. Da als Werneck mein Freund noch nicht war, als Armuth und Mangel mich quälten, o da war ich glücklicher, wenn ich am Abend vom Hunger entkräftet mich auf mein Lager hinwarf und keinen Schimmer der Hoffnung für Morgen entdeckte, denn erhob ein Gedanke an Sie meine Seele zur Freude, eine dunkele Erwartung einer bessern Zukunft, eine kühne Hoffnung noch der Ihrige zu werden. Dann war ich nicht mehr elend, Ihre Liebe gab mir alles. Aber nun Freund nun — nun ist Ihre Liebe, nun ist alles dahin! —

ein Trauerspiel.

Werneck.

Was Sie sagen, würde mich rühren, Belmont, wenn Ihre Furcht gegründet wäre; aber Sie schaffen sich selbst ein Gespenst das Sie schreckt, und Sie verschließen Ihren Verstand gegen alles, was Sie trösten könnte, diese letzte Unternehmung mit dem Portrait war sehr übereilt. Warum haben Sie nicht lieber geschrieben? Wird es Ihr nicht vorkommen, als wenn Sie brechen wollten? Wenn Sie nun unschuldig wäre? O Freund! Sie fordern meinen Rath alsdenn, wenn Sie dem Ihrigen schon gefolgt haben.

Belmont.

Sie erschrecken mich, Werneck, warum habe ich den unglücklichen Einfall gehabt, ist das nicht zu ändern? sagen Sie mir, Sie sollen meine Unterwerfung sehen.

Werneck.

Gut, liebster Belmont, nur hier wollen wir uns nicht aufhalten. Kommen Sie — kommen Sie, ehe man uns überrascht, wir wollen die Sache mit einander ernsthaft und kalt überlegen.

(Gehen ab, und indem sie abgehen, kommt Peter.)

Dritter Auftritt.

Peter. (allein)

Meine Kunden, bey meiner Treue, was das für Herren seyn müssen? eine Nachricht nicht eines Schillings werth, bezahlen Sie mit Golde. Die letzte schien dem einen Herrn sehr zu mißfallen; was dahinten verborgen seyn mag? Aber was geht das mich an, wenn ich nur bezahlt werde.

Vierter Auftritt.
Frau von Wichmann und Peter.

Fr. von Wichmann.
Bittet die Dalton, Peter, ein wenig zu mir zu kommen.

(Wie er fortgehen will, kommt Dalton.)

Fünfter Auftritt.
Frau von Wichmann und Frau Dalton.

Fr. von Wichmann.
Hier kömmt Sie — Was macht unsere Julie, Dalton? Ich höre man hat grausam in das arme Mägdchen gestürmt; daß es Ihnen Gott vergebe, Sie werden es niemals verantworten können.

Dalton. (weint)
Ich kann es nicht mehr ansehen, gnädige

mir nur abgebrochen erzählt — mit so vielen
Seufzern und so vielen Thränen. O gnädige
Frau, das ist ein Jammer anzusehen! Ich bin
eine Gefangene — ich soll, ich muß — oder
auf die Straße mit der liederlichen Dirne —
So ruft Sie und ringt die Hände — Sagte
das Ihr Oncle? fragte ich; Ha, wo ist er,
rief Sie, wo ist er? verbirg mich allerliebste
Dalton, verbirg mich. — Das arme gemar-
terte Kind!

(weint.)

Fr. von Wichmann.

Ey mein Gott! das ist unerhört — der ruch-
lose Mensch! Darum kann mein Bruder nicht
wissen.

Dalton.

Ach das wäre zu wünschen, gnädige Frau,
aber wie Sie sagt, so sind das alles Ihres Vaters Befehle — Ach Dalton, rief Sie, mein
Vater hat mich Ihm — Sie fuhr auf bey dem
Worte! Er hat mich Ihm in die Hände gegeben — Er läßt mich wie eine Missethäterinn
verschließen — ich soll ins Elend — ins nie-
drigste, verächtlichste Elend, dazu hat mein
Vater sein einziges Kind verurtheilt — und
hier legte Sie Ihren Kopf an meine Brust, und
ich wurde naß und warm von Ihren Thränen —
Ist es vor Gott erlaubt, daß man mit dem armen Kinde so gewaltthätig umgeht?

Fr. von Wichmann.

Das ist entsetzlich — ich kann es nicht begreifen, was wollen Sie jetzo das arme Mägdchen noch quälen, da Woldemar sich von Ihr losgesagt hat — ich muß mit Ihrem Vater reden, der wilde Capitain ist an allem Schuld, tröste Sie, das gute Kind, Dalton, und verspreche Sie Ihr meinen Beystand und meine Liebe, wenn Sie auch gar keinen Vater mehr haben sollte.

Dalton.

Stille, — hören Sie? Sie kommt, ich höre Sie leise herschleichen.

Fr. von Wichmann.

Tröste Sie Sie, Dalton; ich kann Sie jetzo nicht sehen, Sie würde mich zu sehr rühren, und ich eile Ihr zu helfen.

(geht ab.)

Sechster Auftritt.
Dalton und Julie.
(mit einem Portrait in der Hand.)

Ach Dalton — sachte — ist niemand da — niemand der mich sehen kann, (sieht sich in allen Ecken sorgfältig und furchtsam um,) ich bin eine Gefangene, wenn man mich außer meinem Gefängniß erwischte, so würde man grausam mit mir umgehen.

Dalton.
Es ist niemand da, liebstes Fräulein.

Julie.
Ach sieh hier, Dalton, sieh, so habe ich ausgesehen — es wird mir ganz übel.
(lehnt sich an sie.)

Dalton.
(rückt einen Stuhl herbey.)

Setzen Sie sich, gutes Kind — reden Sie nicht zu viel, wenn es Ihnen nicht wohl ist.
(weint.)

Julie. (setzt sich)
Ja, ich muß viel reden, Dalton — ich habe recht viel mit dir zu reden — Du kennst also dieses Bild nicht mehr? — Es ist mein Bild, ich hatte es ihm selbst gegeben.

Dalton.
An Belmont? und er hat es nicht mehr?

Julie.
Ach er will es nicht mehr — er hat es mir zurück geschickt —

Dalton.
Heute? wie, Fräulein? durch wen? mit einem Briefe?

Julie.
In meiner Stube fand ich es, und keinen Brief, Dalton — auf dem Einschlag war geschrieben: Ich bin nahe bey Ihnen gewesen.

Dalton.

Ich begreife das nicht; Er ist also in der Nähe, warum keinen Brief? nur zwey Worte!

Julie.

Merkst du es nicht? seine Liebe hört auf, er ist es müde; Sie wird Woldemarn nehmen müssen, denkt er — auch Er — Er — ach seine Liebe belohnte mein Leiden — ich hätte Marter vor Ihn erduldet, auch er reißt sich los von mir, von seiner Julie, nicht von seiner Julie. Ach! ich gehöre niemand mehr zu, hast du so eine Verlassene schon gesehen, Dalton? mit Ihrem Elend allein gelassen!

Dalton.

Nicht doch, liebste Julie, wie scharfsinnig Sie sind, einem jeden Vorfall die schlimmste Erklärung zu geben. Er sollte Sie nicht mehr lieben, glauben Sie das nicht, ich dächte gerade das Gegentheil, wenn er in der Nähe ist, so muß Ihm Ihr Widerstand nicht unbekannt seyn. Wenn Er nun aus Ungeduld hergekommen wäre? Wenn er Sie durch das Portrait zu mehrerer Standhaftigkeit ermuntern wollte?

Julie.

Denkst du das, Dalton? o du gießest Balsam in meine Wunden! Aber ich zittere, wenn Er hier ist, du kennst seine Heftigkeit, die Grausamkeit des — o wie soll ich Ihn nennen, ich habe meinem Vater geschworen, ohne seinen Wil-

Willen nicht zu heirathen, was würden das für neue Auftritte des Unglücks werden?

Dalton.

Soll ich mich bemühen, ob ich Ihn auffragen kann? ich könnte —

Julie.

Nein, nein um Gotteswillen, die Folgen sind entsetzlich. Man würde mir seine Ankunft schuld geben. Ihm bürdet mein Vater die Zerrüttung seines Hauses auf; man würde vor mich neue Qualen ausdenken — O Dalton, meine Angst ist unaussprechlich. Rette mich, rette mich, ich habe einen Anschlag — Du liebst mich doch, Dalton? — ach ja, du allein liebst mich, denn ich bin ja deine Tochter nicht.
(weint)

Dalton.

Ihr Vater liebt Sie auch, Julie —

Julie.

Vielleicht nach meinem Tode — wenn ich bey der Asche meiner Mutter ruhe, denn wird ihm vielleicht eine Thräne entrinnen. Du siehst, Dalton, wie ich alles in diesem Hause verwüstet habe, ich könnte meinem Vater den Wunsch noch abbringen, daß ich nicht gebohren seyn möchte — Stille, hier kommt Woldemar, du sollst alles erfahren — er gehört mit zu dem Geheimniß.

Julie,

Sechster Auftritt.

Woldemar, Julie und Dalton.

Woldemar.

Ich höre mit Schrecken, daß man Ihnen noch immer übel begegnet, Julie. Ich begreife das nicht; wie kann man einen Vorwand zu dieser Grausamkeit finden? wenigstens bin ich es nicht mehr, Theureste, der Ihre Thränen auf sein Gewissen sammlet — o wenn ich Ihnen doch nie eine ausgepreßt hätte.

Julie.

Sie sind ein großmüthiger Mann — Es hat mich alles verlassen — keine Hülfe, so weit der Gedanke reicht, aber Sie können mich retten, Woldemar.

Woldemar.

Mit meinem Leben —

Julie.

Versprechen Sie mir —

Woldemar.

Reden Sie Julie — ich weiß daß die Vernunft Ihre Handlungen leitet —

Julie.

Ich will aus diesem Hause weg.

Woldemar.

Was? — Sie setzen mich in Erstaunen.

Julie.

Und Sie sollen mich begleiten.

Woldemar.

Ich — ?

Julie.

Sie — ach Sie wollen nicht, ich sehe es Ihnen an — Sie wollen nicht — Sie haben Recht, Woldemar — Warum sollten Sie an dem Schicksal eines Mägdchens Theil nehmen, das alles mit Ihrem Unglück verdirbt?

Woldemar.

Ich will, Julie — ich will — reden Sie —

Julie.

Verrathen Sie mich wenigstens nicht — liebster Woldemar, o verrathen Sie mich nicht —

Woldemar.

Ich Sie verrathen? Aber ich begreife Sie nicht, Julie — warum wollen Sie fort? wo wollen Sie hin?

Julie.

Wissen Sie die Strenge nicht, mit der mir mein Vater begegnet? Wissen Sie denn nicht, daß ich eingesperrt bin, wie eine Uebelthäterinn — daß mein Oncle mein Kerkermeister, mein Peiniger ist, daß er mit mir umgegangen ist, als wenn ich den Tod verdient hätte. — o ich muß weg von Ihnen, Woldemar — und denn ist noch ein Bewegungsgrund — ich muß fort — oder ich bin verlohren.

Dalton.

Allerliebste Fräulein! —

Julie.

Stille Dalton, du sollst auch mit — du mußt mich auch begleiten.

Dalton.

Aber wohin? ums Himmelswillen!

Julie.

Wohin — ? Ja wohin, Dalton? — daran habe ich nicht gedacht — das weiß ich nicht — wo soll ich hin? — giebt es nicht noch Menschen, Dalton, die das Elend ihrer Nebenmenschen rührt? die sich über ein ganz verlassenes, mitten in das Unglück hineingeschleudertes Mägdchen erbarmen? das, sagt man, ist Tugend, giebt es so keine Tugend nicht? — Haben Sie keine Verwandte, Woldemar? Sie haben keinen Vater mehr —

Woldemar.

Aber eine Mutter, Julie.

Julie.

Ach ja, bey Ihrer Mutter. O ist Sie eine gute Mutter? Ach wenn meine Mutter noch lebte! oder wenn ich an Ihrer Seite schlief, so dürfte ich niemand zur Last fallen! Ihre Mutter — nein Woldemar, das Mägdchen, das meinen Sohn verwirft, wird Sie sagen — die Närrinn — Nein Woldemar, das geht nicht an.

Woldemar.

Fassen Sie Muth, Julie, Sie kennen diese Mutter nicht, wenn Sie es wüßte, wie ich Sie mit

mit meiner Liebe verfolgt habe. Sie würde Ihre Thränen mit den meinigen mischen, um es Ihnen abzubitten — kommen Sie Julie, Sie wird stolz auf ihre neue Tochter seyn.

Julie.

Wie schön ist das, Dalton, hörst du das? Ich bin kein Wayse mehr, und ich habe nun auch einen Bruder — Aber bald, bald, liebster Woldemar, denn jeder künftige Augenblick hängt über mir, wie ein Gewitter.

Woldemar.

Wenn es geschehen soll, so muß es heute und zwar in dieser Stunde geschehen. Sie sind ausgegangen, und wir sind allein. Ich gehe, um Anstalten zu machen, wir haben nur eine Stunde Zeit, Julie.

(geht ab.)

Siebenter Auftritt.

Julie und Dalton.

Julie.

Gehn Sie — gehn Sie — o möcht es uns doch gelingen! (seufzet tief.) Ha nun Dalton — nun ist mir leicht — als wenn ich mich tief in der Nacht im Walde verirrt hätte, und von ferne ein Licht entdeckte. Wer hätte das denken sollen, daß meine Empfindung Freude seyn würde — da ich meinen Vater verlasse? Siehst du, Dalton, in dieser Liebe muß doch etwas abscheuliches seyn — ach wenn ich nur bleiben könn-

könnte — aber die Angst, die Angst, ist wie ein Gespenst hinter mir her — Glaubst du, Dalton, daß es meinem Vater nahe gehen wird?

Dalton.
Sein Herz wird ihm brechen, liebstes Kind.

Julie.
Du irrest dich, arme Dalton — seine Augen waren trocken, wie er mich verurtheilte — da war nicht eine Thräne — und der kalte Zorn in seiner Miene. O Dalton, ich habe sein Angesicht mühsam durchsucht, da war keine Spur der alten Zärtlichkeit mehr. Er sah auf mich herab, wie ein Richter, o ich kenne jeden seiner gütigen Züge — Nein, ich habe keine Wahl — Dalton zwey Kleider vor mich, die, worinn ich meine Mutter betrauerte — hörst du? mache alles zurecht — ich habe noch Briefe zu schreiben, einen an meinen Vater, einen an meine Tante und noch einen. Was zauberst du, Dalton — fort — kannst du jetzo noch weinen? (lächelnd) Sieh, ich weine nicht.

(Geht ab.)

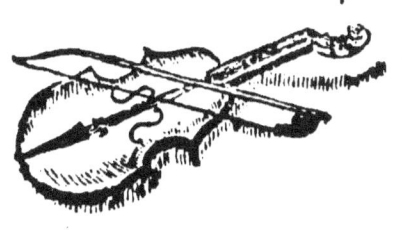

Vierter Aufzug.
Erster Auftritt.
Herr von Wohlau.

Ach! ich armer, ich unglücklicher Mann! mein einziges Kind! meine Tochter — Meine arme verlohrne Tochter!

Zweyter Auftritt.
Ein Bedienter und Herr von Wohlau.
Wohlau.

Hier Kerl — weißt du nichts um Ihre Flucht? Kerl rede — ich will dich foltern laſſen.

Der Bediente.

Um Gottes willen Herr, was sollte ich davon wiſſen? alles im Hause ist der Fräulein nach — Sie kann nicht weit weg seyn, denn ich habe Sie vor einer Stunde noch am Fenster geſehen.

Wohlau.

Du lügst Kerl, es ist über eine Stunde, daß man ihr nacheilt — Fort — fort — das Pferd gesattelt — den Wagen angespannt — alles soll fort — auf alle Straßen, ich will ihr auch nach, bis ans Ende der Welt. (Der Bediente geht ab.) Ha armes Kind! — gottloses

Kind — deinen alten Vater — o wenn ich nicht so hart gewesen wäre!

Dritter Auftritt.

Der Capitain und Herr von Wohlau.

Wohlau.

Ha Unmensch — du bist schuld daran — meine einzige Tochter ist fort — schaffe Sie mir wieder, du bist schuld daran, mit deiner vermaledeyeten unmenschlichen Härte — schaffe Sie mir wieder —

Der Capitain.

Du bist bey meiner armen Seele reine toll, willst du mir deine schlechten Anstalten schuld geben? habe ich nicht den Arestanten ins Gefängniß geliefert? soll ich auch den Posten an der Thüre versehen? Warum hast du die Execution aufgeschoben? warum hielte man nicht auf der Stelle Standrecht und führte Sie gleich mit Wache vor den Altar? — so würde Sie nun nicht der Familie zur Schande in der Welt herumlaufen. Das sind die Folgen der Gelindigkeit, wie ich alles das vorher gesagt habe. Solche Mägdchens müssen wie die Hünerhunde parforce dressiret werden, sonst stehen sie nur wenn sie aufgeräumt sind, und sobald man ihnen laut zuspricht, so laufen sie zum Teufel.

ein Trauerspiel.

Wohlau.

Gott verzeih es dir, du Tyrann, o wie verfolgt mich das Unglück', seit dem ich dich unter meinem Dach beherberge. O hätteſt du nie einen Fuß in dieſes Haus geſetzt!

Der Capitain.

In dieſes Tollhaus? wo die Tochter und der Vater an der Hirnwuth laboriren?

Wohlau.

Ha — Capitain ſo unverſchämt biſt du, in meinem Unglück, das dein Werk iſt, ſpotteſt du noch meiner? Du biſt mein Bruder nicht mehr, du verdienſt es nicht zu ſeyn — in einer Stunde will ich das Ungeheuer in meinem Hauſe nicht mehr ſehen.

Der Capitain.

Was Teufel — ſo hitzig — Narre, ſo böß war es nicht gemeint.

Wohlau.

Du ſollſt fort aus meinem Hauſe — Ich ſchwöre dir es zu, oder die Obrigkeit ſoll mich von dem Wütrich befreyen. Ich habe dich mitleidig aufgenommen, da dein Vermögen und deine Ehre hindurch war, da man dich vom Regiment gejagt hatte, das iſt der Dank — Ich werfe dich wieder zurück, wo ich dich nahm. Wenn du zum Abſcheu aller Menſchen als ein Bettler herumgehſt, ſo widerfährt dir, was du meinem Kinde gedrohet haſt — Fort aus meinen Augen du Böſewicht.

Der Capitain.
Gut — ich gehe — aber zittere —
Wohlau.
Nur hin! nur hin — in die Hölle — er ist der Zerstöhrer meines Hauses — alles Unglück kömmt von ihm.

Vierter Auftritt.
Frau von Wichmann und Herr v. Wohlau.
Wohlau.
Ach Schwester, die Strafen des Himmels, womit habe ich das Kreuz verdient? mein einziges Kind verläßt mich — an dem Rande meines Grabes —
Frau von Wichmann.
Fasse dich Bruder, ich hoffe Sie ist da.
Wohlau.
Da — wo ist Sie? wo ist Sie? Julie? Julie
(läuft nach der Scene)
Fr. von Wichmann.
Nicht so eilig Bruder, noch ist Sie nicht da, aber Sie wird gleich hier seyn, Woldemar kommt voran.
Wohlau.
Ey — der Räuber? Hier, Heinrich! — meine Pistolen — meinen Degen — ich will sein Blut heute noch sehen — Er hat meine Tochter geraubt —

ein Trauerspiel.

Fr. von Wichmann.

Ich schwöre dir zu, Bruder, Er ist unschuldig, der Großmüthigste Mann, ich weiß alles, Sie hat Ihn dazu aufgefordert. Hier kömmt er —

Fünfter Auftritt.

Woldemar und die Vorigen.

Wohlau.

O Woldemar — geben Sie mir mein Kind wieder. Warum haben Sie mir meine Tochter genommen? wie wollen Sie das vertheidigen? Wo ist Sie, Woldemar? warum kommen Sie allein?

Woldemar.

Vergeben müssen Sie Ihr, Sie wird den Augenblick hier seyn, Sie hat diesen Schritt nicht ohne Thränen gethan, aber Sie waren zu hart — zu aufgebracht? Sie hatten Ihr eigenes Herz verläugnet, und Ihr Oncle ist Ihr wie ein Henker begegnet.

Wohlau.

Der verdammte Capitain —

Woldemar.

Sie kennen Ihre zärtliche Seele, der Kaltsinn, der Zorn Ihres Vaters unterdrückte Sie, und Sie zitterte vor neuen Qualen. Ihr Zustand dröhete Gefahr; es würde Ihr Leben verbittert haben, wenn Ihr früher Tod —

Wohlau.

Gott steh mir bey — ich wäre mit Ihr gestorben.

Woldemar.

Sie wollte bey meiner Mutter die Wiederkehr Ihrer alten Liebe abwarten, Sie wollte sich noch vor Ihnen zudringen, mußte sich aber vor der Wuth Ihres Oncles verbergen — Ich schwöre in Ihrem Namen, Sie wird keinen Mann jemals Ihre Hand gegen den Willen Ihres Vaters geben. Sie ist ganz Unterwürfigkeit, ganz Gehorsam.

Wohlau.

Ein recht gutes Mägdchen, so wahr ich lebe. Aber der Junge ist nichts für Sie, Er kann es nicht seyn.

Woldemar.

Erlauben Sie mir, nach reifer Ueberlegung muß ich Ihnen mit der Aufrichtigkeit eines Freundes sagen, diese Liebe ist in dem Herzen Ihrer Tochter so mächtig, daß Sie Ihr Leben hindurch elend seyn würde, wenn Sie fortführen strenge zu seyn. Es ist zu spät eine Leidenschaft zu dämpfen, die so viel Zeit, so viel Gründe gehabt hat, sich in Ihrer Seele zu befestigen. Bedenken Sie, mein Herr — Sie hat die Probe der Verfolgung ausgestanden, wie der Glaube eines Märtyrers, und keine Gewalt ist fähig, Sie jemals zu entkräften. Ich flehe vor Ihnen, wenn Ihnen die Ruhe Ihres Hauses, das Leben Ihres Kindes, ein glückliches Alter theuer ist, so vereinigen Sie zwey Leute, die keine Macht der Erde trennen kann. Ich kenne Belmont nicht, man sagt mir, daß er heftig und zuweilen ausschweifend ist, das sind eher Eigenschaften als Fehler der Jugend, und da sein Herz gut ist, so müssen Ihn Ihre Wohlthaten bewegen, in jeder Handlung seines Lebens Ihrem Winke zu folgen, und einen Vater zu verehren, der ihn aus dem Staube zu dem Gipfel seiner Wünsche erhebt.

Wohlau.

Er ist aber ein Bettler, der Bursche, er hat nicht einen Schilling, und meine Gutheit hat er schon belohnt, wie Sie wissen. Hat er nicht mir und meiner Tochter beynahe das Leben gekostet?

Woldemar.

Dafür hat er gebüßt. Haben Sie ihn nicht mit Schande von sich weggestoßen, und muß er nicht alle Marter des Mangels, einer trostlosen Liebe und der Verzweiflung erduldet haben, und was seine Armuth betrifft —

Fr. von Wichmann.

Seine Armuth, liebster Bruder, soll nicht länger die Vereinigung so vieler Wünsche hindern. Ich will Ihn aussteuern, du sollst deine Tochter meinem Sohne geben, ich hoffe Bruder, du wirst Sie ihm nicht abschlagen? Gott segne diese Verbindung, ich freue mich, meine Julie wieder glücklich zu sehen.

Wohlau.

Das ist etwas, Schwester. Deine Gütigkeit rührt mich, und ich will die Sache überlegen.

Woldemar.

Wollen Sie überlegen, ob Sie Ihre Tochter zu der glücklichsten Frau in der Welt machen wollen? Ich beschwöre Sie —

Fr. von Wichmann.

Ich bitte dich, Bruder, entschließe dich jetzo zu dem einzigen Mittel, deine und meine Ruhe, die Ruhe des armen Kindes wieder herzustellen, damit nicht ein neuer Zufall unsere Freude vereitelt, laß deine Schwester, die dich zärtlich liebt, keine Fehlbitte thun.

Woldemar.

Ihre vortrefliche, großmüthige Schwester, Ihren treuesten Freund —

Wohlau.

Wohlan — er hat mir zwar manchen sauren Tag gekostet, aber es sey drum, das Mägdchen muß ich wieder einmal freudig sehen, Er soll Sie haben.

Sechster Auftritt.

Peter (kommt gelaufen,) und die Vorigen.

Peter.

Die Fräulein ist da — Sie steigt eben vom Wagen.

Wohlau.
Ha — ich muß es ihr selbst ankündigen.
(geht mit Petern ab.)

Siebenter Auftritt.

Fr. von Wichmann und Woldemar.

Fr. von Wichmann.
O welchen Dank sind wir Ihnen nicht schuldig — Sie haben diese trostlose Familie wieder aufgerichtet. Wenn wir nur jetzo Belmont bald ausgefragt hätten! wir müssen behutsam verfahren, denn wer weiß, zu welchen Entschließungen ihn sein Elend schon gebracht hat, wenn er aus Armuth ein niedriges Gewerbe ergriffen hätte, das müssen wir vor meinem Bruder verbergen.

Woldemar.
Ich hoffe das nicht, denn man hat mir gesagt, daß er von einem Freunde geliebt würde, der sein Glück mit ihm theilte. Man will ihn in der Nähe gesehen haben, ich habe das vor wenig Augenblicken gehört, ich werde mir Mühe geben, ob wir ihn nicht antreffen können.

Fr. von Wichmann.
O bemühen Sie sich ohne Zeitverlust, er kann uns seine Nothwendigkeiten melden. Er soll in keinem schlechten Aufzug in das Haus seines Schwiegervaters kommen. Warnen Sie ihn zugleich vor der Rache des tollen Capitains.

Woldemar.

O fürchten Sie nichts von Ihm, die Boshaften sind feige. Er wird vor Belmont zittern — Ha Sie kommt,

Achter Auftritt.

Herr v. Wohlau, Julie und die Vorigen.

Wohlau. (hat sie unterm Arm)

Heyda hier hab ich Sie — hier hab ich Sie — Hier Schwester ist das Mägdchen — Sie weiß alles. Ha wie Sie roth wird, das widerspänstige Mägdchen, Feuerroth — so — weg wollst du laufen — davon laufen von deinem Vater, du kleine Rebellin, warte, warte, das soll dir nicht mehr gelingen, du kleine Schlange du.

Julie.
(küßt ihrer Tante die Hand.)

Gütigste Tante, zweyte Mutter, wie kann ich Ihre Großmuth erkennen?

Fr. von Wichmann.

Nichts, liebes Kind, ich wollte wohl noch mehr für dich thun, ich bin durch deine Zufriedenheit belohnt.

Wohlau.

Und das alles einem Landstreicher zu gefallen, hätte ich bald gesagt — mich soll wundern wie er angezogen kömmt. Aber es sey drum, sey nur lustig, Mägdchen, heyda guter Dinge, du sollst ihn haben, lustig, du sollst deinen Kerl haben — fort — fort, Woldemar, laſſen Sie uns ſchreiben, ſchicken, zubereiten, ſonſt wird mir das Ding noch einmal entwiſchen, (Hier kommt Peter.) je eher je beſſer, und wenn die Hochzeit in zwey Tagen ſeyn könnte. (nimmt ſie unter den Arm,) Sieh hier, nun reiße dich los, wenn du kannſt, nun lauf weg — wenn du kannſt — (gehen ab.)

Neunter Auftritt.
Peter. (allein)

In zwey Tagen Hochzeit halten? das iſt bey meiner Ehre ſonderbar, nun, da ihn der Vater umzubringen drohete? ſo ſoll er Sie in zwey Tagen heirathen? was das für ein wunderlicher Mann iſt — Sieh hier der fremde Herr, dieſe Nachricht kömmt vortreflich gelegen.

Zehnter Auftritt.
Belmont und Peter.

Belmont.
(kommt wüthend auf ihn zu und faßt ihn an der Kehle.)
Iſt Sie wieder da —? rede Kerl —

Peter.
Ha — was iſt da zu thun, was wollen Sie mit mir?

Belmont.
Rede, rede — ob Sie wieder da iſt?

Peter.

Wer? — mit Erlaubniß?

Belmont. (greift an den Degen.)

Julie — Kerl.

Peter.

Eben angekommen — Gott steh mir bey.

Belmont.

Gut — und wie hat man den Räuber, den Ehrenschänder empfangen?

Peter.

Wie einen Freund vom Hause.

Belmont.

Du rasest, Kerl, sag die Wahrheit — hier ist Strafe und hier ist Gold.

Peter.

Wie ich Ihnen sage — nach dem ersten Gelärme zu urtheilen, so hätte man denken sollen, daß es Woldemar das Leben kosten würde. Gott weiß, was er dem Herrn vorgeschwatzt hat. — Genug, ich habe den Herrn von Wohlau noch nie freundlicher gesehen, als in diesem Augenblick, je eher je besser, und wenn die Hochzeit in zwey Tagen seyn könnte, das war sein letztes Wort.

Belmont.

Bothschaft des Todes! — Hast du recht gehört? hier ist Geld, nimm hin alles, du hast nicht recht gehört.

Peter.

Mir ist kein Wort entfallen.

Belmont.
(geht herum und schlägt die Augen gen Himmel.)
Hier — wo ist der — wo ist Woldemar?

Peter.
Ich glaube, daß er mit der Gesellschaft in Garten gegangen ist.

Belmont.
Thut mir einen Dienst noch — sagt an Woldemar, hört mich recht — sagt ihm, daß ihm ein Fremder zu sprechen verlange — über Sachen von der größten Wichtigkeit — habt ihr es verstanden?

Peter.
Sobald ich ihn nur auffinden kann.

Eilfter Auftritt.

Belmont. (allein)

Die Hölle verschlinge dich, Bösewicht! du entführst, du raubst — und du wirst belohnt — wo ist Licht in diesem Abgrunde? — Ha — der Unmensch, er konnte die Frucht einer langsamen Verfolgung nicht abwarten — Gewalt nach der List — Laster mit Lastern gehäuft! — (geht unruhig herum) und Ihr Vater — will er diese Wuth der schändlichsten Liebe mit seinem Kinde belohnen? Julie — bist du verlohren? ist der Stolz deiner Seele dahin — oder sind sie fühllos bey deinen Thränen? Labyrinth des Elends — wo find ich hindurch (geht wieder herum) Rache — Rache — tief aus der Seele ruft

Sie — was ist die Welt mir? — was sind Gesetze — ich kann nichts verlieren — Was ist Tugend? — verflucht sey die Tugend — ohne sie hätte ich auch geraubt, auch entführt, und Julie wäre mein — Dein Blut, Unmensch dein Blut — ich lächze nach deinem Blut. Mit welcher Wollust will ich dich hier im Staube sterben sehen — Aber wer sagt es mir, ob ich glücklich seyn werde? — Glücklich — Unsinn — glücklich? vor mich ist auch der Zufall nicht mehr — alle Jammer der Erden treffen mich gewiß — Furchtbarer Gott — ich hebe meine Augen nicht zu dir auf? — nicht diese Hände, die Blut fordern? — Licht in dieser Nacht — damit ich sehe, was ich thun soll! Oder wenn dein Wink Welten zertrümmert, warum wird es so lange mit mir? (Geht wieder herum.) In zwey Tagen Ihr Hochzeittag — Martern des Gewissens! ihr seyd nichts gegen den Gedanken — Ha du bebst — weibisches Herz — Ich zittere — Laster zu strafen — ich das Werkzeug der Rache des Himmels — ich zittere — Muth — zum Morde gehört Muth — Ha hier ist er — die stille Stirne dieses Teufels —

Zwölfter Auftritt.
Woldemar und Belmont.

Belmont. (läuft hitzig auf ihn zu)
Ich bin ein Edelmann — Woldemar — und du bist ein Nichtswürdiger, der Elendeste unter

ein Trauerspiel.

Woldemar. (springt zurück.)
Halt, seyd ihr kein Mörder?

Belmont.
Ich kann es werden — vertheidige dich —

Woldemar.
Wer Sie auch sind — Sie müssen reden — wer sind Sie?

Belmont.
Dein Todfeind, Bösewicht — der sich mit dir in der Hölle nicht aussöhnt — zieh —

Woldemar.
(geht noch mehr zurück.)
Halt — ich kenne Sie nicht — Unglücklicher, habe ich Sie beleidigt?

Belmont.
Du hast mir alles geraubt — vielleicht den Himmel. — Schänder der Unschuld — Räuber der Julie.

Woldemar.
Ha, sind Sie Belmont? — Junger Mensch — fassen Sie sich — ich gebe meine Rechte auf.

Belmont.
Feiger, Betrüger, du zitterst vor der Strafe — es soll dir nicht gelingen. (schlägt nach ihm) Nichtswürdiger —

Woldemar.
Ha — das ist zu viel — Elender — du bist Julie nicht werth — komm —

(Sie gehen ab.)

Fünf-

Fünfter Aufzug.
Erster Auftritt.
Julie und Dalton.

Julie.

Diese Stürme, Dalton — dieser schnelle Uebergang vom Jammer zur Freude hat mich erschüttert — ich bin ganz kraftlos (setzt sich) wie mein Vater mir es sagte — o das war eine noch nie gefühlte Empfindung — in dem Herzen entstund sie — und floß durch alle Nerven wie Feuer — Nun sind alle die Qualen, mein Gefängniß, meine Angst, meine Flucht, der Zorn meines Vaters, alles ist ein Traum — und vor mir hin — O eine Aussicht der Freude! das ist mehr, als ich verdienet habe — Wo wirst du jetzo seyn, in diesem Augenblick, du Liebling meiner Seele, denn so darf ich dich nennen, vielleicht vom Kummer verzehrt — vom Mangel verfolgt — durch Thränen, durch schlaflose Nächte entkräftet — o wenn es dir eine Ahndung sagen könnte! wie glücklich du bist — wie glücklich deine Julie seyn wird!

Dalton.

Wir werden ihn finden, liebstes Kind — man giebt sich alle Mühe — Er muß nicht weit von hier seyn, nur jetzo seyn Sie ruhig. Ihr Gemüth hat zuviel gelitten, es ist nicht gut, wenn Sie sich zu sehr mit ihm beschäftigen —

Julie.

Nicht mit Ihm? Ich finde sonst keinen Gedanken in mir — Nein Dalton, diese Freude ist Leben, ich fühle, daß ich wie aus einer Betäubung erwache, und mein Angesicht glüht. — (Sieht nach dem Spiegel.) Aber ach — diese Augen, Dalton, das sind nicht mehr die Augen seiner Julie — wie verweint und aufgeschwollen sie sind — Ach — Er wird sich vor mir entsetzen — findest du nicht Dalton, daß ich fürchterlich aussehe?

Dalton.

Glauben Sie das nicht, liebstes Fräulein, Sie sehen nunmehro recht wohl aus — und Ihre Augen sagen Sie — das sind gewiß recht schöne Augen, und diese Mattigkeit — o Sie werden sehen, wenige vergnügte Tage werden Sie wieder herstellen — denn Sie sind jung, Fräulein — nun ist aller Gram vorbey, die Freude wird Sie schon wieder aufrichten.

Julie.

Glaubst du nicht, daß die Ehe auch ihren Gram hat? — aber daran will ich nicht denken — das Denken wird mir ohnedies jetzo sauer — Wenn Er mich noch so liebt, wie ehemals, wie ich Ihn liebe, o Dalton! dann wirst du noch einmal die Zeiten wieder sehen, die dir so wohl gefielen, dann wirst du sehen wie deine Julie an den Augen Ihres Wilhelms hängt, seine Wünsche in seiner Miene sucht, an seiner Brust die Welt vergißt und keine Königinn beneidet. O Dalton! Ihm zu gefallen, ist das Geschäfte meines Lebens — Dann werde ich sie lange wünschen, die Tage, nach deren Ende ich so oft geseufzt habe, jede Minute wird mir theuer seyn, du weißt es, wie ungeduldig ich sonst war, wenn sie so schnell vorüber flohn — Aber wenn Belmont meiner müde würde — o Dalton — dann lieber mein altes Elend — lieber den Tod.

Dalton.

Wie Sie das fürchten können, liebstes Fräulein, ja, wenn er das rechtschaffene Herz nicht hätte, wenn Sie nicht ein so gutes Kind wären, wenn er Ihnen nicht seine ganze Wohlfahrt zu verdanken hätte.

Julie.

O welche Wollust ist es, den Mann glücklich zu machen, den man liebt, Ihn vergnügt zu sehen, und sich sagen zu können, das ist dein Werk — Nun Dalton, nun danke ich es der Vorsehung mit Entzücken, daß ich reich bin — o wenn ich Fürstenthümer hätte, um sie zu seinen Füßen zu legen — Aber stille, stille — klingt das nicht stolz? ist das nicht, als wenn ich Ihn hervorgezogen, als wenn ich Ihn erhoben hätte? Nein — mich die arme Julie hat er durch seine Liebe erhoben, hierauf bin ich stolz, alle Reichthümer der Welt sind unter dieser Größe.

Dalton.

Gott segne Sie beyde, theurestes, liebstes Kind — Gott segne Sie (weint) O Wilhelm!

du wirst das Beyspiel eines glücklichen Mannes werden.

Julie.

Du bist eine Schmeichlerinn, Dalton — du solltest mir nicht so schmeicheln, sey nicht zu gütig gegen mich, ich bitte dich, ich habe deine Ermahnungen und deine Strenge noch nöthig, erinnere mich, wenn mein einbildisches Herz aufwallt, wenn es sich in seinem Glücke groß dünkt, ich könnte hochmüthig werden.

Dalton.

Ihr demüthiges, unschuldiges Herz, Kind, glauben Sie mir, das kann nicht stolz werden. — Stille — was ist das? was ist das für ein Lerm? —

Zweyter Auftritt.

Ein Bedienter und die Vorigen.
(Der Bediente kömmt eilig gelaufen.)

Da ist ein Unglück — ein Dieb — Herr von Woldemar hat sich mit einem Fremden geschlagen — wo find ich den Herrn!
(geht eiligst ab.)

Dritter Auftritt.

Dalton und Julie.

Julie. (fährt auf.)

Ha — Gott steh mir bey, ich bin des Todes — der Fremde — um Gottes willen, wer ist der Fremde?
(hält sich an den Stuhl und zittert.)

Vierter Auftritt.

Peter und die Vorigen.

Julie.

Wer ist der Fremde? — der Fremde? —

Peter.

Gott kennt ihn — ein Räuber vermuthlich — er ist schlecht gekleidet, mit einer schwarzen Perucke und sieht häßlich aus. Er ist verwundet, sie tragen ihn in die Gartenstube. Wenn ich nur den Herrn finden könnte!

Dalton.

Sehen Sie, wie unmäßig Sie sich über nichts erschrecken. Sieht dieses Ihrem Belmont ähnlich —

Julie.

O — das war ein entsetzlicher Stoß — Aber Dalton — Dalton hier drückt Todesangst — ich muß ihn sehen — ich muß ihn sehen —

Dalton.

Liebste, theureste Julie — wo wollen Sie hin? bey Ihrer Entkräftung wollen Sie einen Menschen sterben sehen?

Julie.

Sterben sehn — o eine schreckliche Ahndung — wer kann Woldemars Feind seyn? — Ich muß ihn sehen — fort — fort —

Dalton.

Gott erbarme sich unser.

(geht ab.)

Fünfter Auftritt.
Herr von Wohlau und Peter.

Wohlau.

Ist nach Hülfe geschickt? Wer ist denn der Verwundete? Wie giengen denn diese Händel an? bist du dabey gewesen, Peter?

Peter.

O ich kam dazu, wie es leider vorbey war. Er ist verwundet, mitten in der Brust, und fiel gleich ohnmächtig nieder —

Wohlau.

Was machte Woldemar dabey?

Peter.

Er fiel neben ihm nieder, er versuchte die Wunde zu verbinden, schlug sich auf die Brust, sprang auf, und that wie ein Mensch, der verzweifelt — Nein, ich werde es nicht überleben, rief er aus.

Wohlau.

Wo ist Woldemar?

Peter.

Er lief nach dem Wasser und ließ sich übersetzen. —

Sechster Auftritt.
Frau von Wichmann und die Vorigen.

Fr. von Wichmann.

Sage mir Bruder — was geht denn vor in diesem Hause? ein Mann in dem Garten verwundet, den sie unten in die Stube tragen? das ist ja entsetzlich! — und Woldemar — ich bebe durch mein ganzes Gebeine — Wer ist denn der Verwundete, hast du ihn gesehen?

Wohlau.
O Schwester, mir ist der Kopf so toll, daß ich dir nichts sagen kann. Da hier, frage Petern, ich will sehen, ob noch Hülfe übrig ist.

Siebenter Auftritt.
Frau von Wichmann und Peter.
Fr. von Wichmann.
Das ist unerhört traurig! Kennt ihr den Fremden nicht — habt ihr ihn niemals hier in der Nähe gesehen?

Peter.
O seyn Sie meine Beschützerinn gnädige Frau!

Fr. von Wichmann.
Was? — kennet ihr ihn?

Peter.
Gott ist mein Zeuge! nein.

Fr. von Wichmann.
Habt ihr ihn nie gesehen?

Peter.
Leider.

Fr. von Wichmann.
Nun, Peter?

Peter.
O Himmel! wer hätte sich das Unglück vorstellen können?

Fr. von Wichmann.

Heraus mit der Sprache, Peter, sagt mir alles, was euch von dem Menschen bekannt ist, so etwas muß nicht verschwiegen bleiben.

Peter.

Ich will alles sagen, aber ich bitte Sie mit Thränen, machen Sie mich nicht unglücklich! ich halte den Fremden für einen alten Feind des Woldemars.

Fr. von Wichmann.

Und —

Peter.

Und für einen Nebenbuhler.

Fr. von Wichmann.

Was —? ihr erschreckt mich zum Sterben — woher wißt ihr, daß er sein Nebenbuhler ist?

Peter.

Gott ist es bekannt — ich habe nichts damit zu thun — er ist hier oft im Hause im Vorzimmer gewesen — und hat sich nach allem so genau erkundigt — nach der Fräulein, nach ihrer Hochzeit und allem —

Fr. von Wichmann.

Auch nach Woldemar?

Peter.

Auch nach ihm — und er schien aufgebracht zu seyn, wenn er ihn nannte — O wer hätte das voraus sehen können! — keine Schätze hätten mich bewegen sollen, Woldemar zu rufen.

Fr. von Wichmann

Das habt ihr gethan? Elender! — und sagt nichts davon?

Peter.

Ach! ich bitte um Gnade — ich konnte ja nicht wissen —

Fr. von Wichmann.

O mein Gott! —
(hebt die Hände auf und geht vorwärts.)

Peter. (läuft weg.)

Hier muß ich davon.

Achter Auftritt.

Fr. von Wichmann. (allein)

O — was für ein unabsehbares Elend ist das — wenn meine schreckliche Vermuthung wahr ist — O so muß ich denn in dieses Haus zu einer Zeit kommen, wo aller Zorn des Himmels auf meine arme Familie herabstürmt — Wie wird das arme gekränkte Kind das alles ertragen? — Verborgener Rathschluß — ich verehre dich mit Entsetzen!

Neunter Auftritt.

Dalton und Fr. von Wichmann.

Dalton.

Ein abscheuliches Unglück — ich kann es nicht erzählen — dieser Tag ist der letzte dieses Hauses.

Fr. von Wichmann.

Dalton — ist es —

Dalton.

Belmont —

Fr. von Wichmann.

Ach — lebt meine arme Julie noch?

Dalton.

Sie lebt — noch lebt Sie, aber bis an mein Grab wird mich dieser Anblick begleiten. Sie trat blaß — halbtodt in die Stube, auf dem Bette vor ihr — ach da lag er ausgestreckt, und das Blut floß bis zu Ihren Füßen. Ihre Augen stunden offen — Sie versuchte zu schreyen — und mit einem fürchterlichen Ton fiel Sie auf ihn hin — Ich wollte Sie wegreißen, Grausame! schrie Sie — laß mich sterben, hier auf seinem Herzen will ich sterben — Belmont — Belmont noch einen Laut — deine Julie — Er fuhr mit einer Art von Zückung in die Höh, als wenn er Sie umarmen wollte; aber seine Arme fielen zurück. Die Eine Hand brachte er mit Mühe auf die blutige Brust, und dein — dein — war alles, was er mit einer dumpfen Stimme tief heraus seufzete — o und in seinem Gesicht, — da war der nahe Tod. Ich versuchte es, Sie von ihm loszureißen — Ihr Vater, rief ich — haben Sie Mitleiden mit ihm — er kam eben in die Stube, Mein Vater! schrie Sie — und fiel auf ihre Knie — o nehmen Sie es wieder, das elende Leben, das Sie mir gegeben haben — o diesen Segen noch — und so sprang Sie auf mit einer Wildheit im Gesichte, die uns alle Zittern machte. Ach — ich kann nicht mehr — Ich sollte Sie rufen — wollen Sie nicht zu dem armen Kinde gehen? Das ist ein abscheulicher Jammer — Meine Kinder — die ich so unschuldig, so blühend gekannt habe! Mein unglücklicher, verjagter Wilhelm — ermordet — ermordet bringen sie dich wieder, und meine einzige Julie — O Sie wird es nicht überleben.

Frau von Wichmann.

Dalton — was ist da zu thun? — ich muß das Mägdchen retten, wenn es möglich ist — Ach, Sie kommt.

Zehnter Auftritt.

Julie, (von ihrem Vater geführt,) und die Vorigen.

Wohlau.

Julie — mein einziges Kind — mein einziger noch übriger Trost — o ermanne dich — fasse dich — der Allmächtige lebt noch — dein Vater lebt noch.

Julie.

Ach — bald ist alles gut. (sieht Dalton, ihre Tante und ihren Vater wechselsweise erschrocken an,) Wer sind Sie denn? — warum diese Schrecken — wo führen Sie mich hin? soll ich sterben?

Dalton.

Nein, leben sollen Sie, Julie — zu unserm Trost — sollen Sie leben — o theurestes, theurestes Kind!

Julie.

Dalton — mit mir ist etwas großes vorgegangen. Hast du den Bräutigam nicht gesehen, ein munterer Jüngling mit braunen lockigen Haaren, und seine Wangen blühen? (wird

ein Trauerspiel.

Blut an ihrer Hand gewahr,) Ha — hier ist Blut — Blut — Blut — ist um mich her — Ha wer hilft mir aus diesem Blute — helft — helft. (wird ohnmächtig, und Dalton setzt sie auf einen Stuhl.)

Wohlau.
Ist das auszuhalten? — Mein Kind — meine Julie — Sieh deinen Vater — deinen Vater — beine zitternde Knie will ich umfassen. (fällt vor ihr nieder.)

Dalton.
Hören Sie Ihren Vater — ihre Dalton nicht? — Julie! allerliebstes Kind.

Julie.
Ach Barmherzigkeit — ist er tod! ist kein Hauch mehr in ihm? Laß mich fühlen, laß mich fühlen, ob sein Herz nicht mehr schlägt. Ha — ist kein Tod mehr übrig Mörder? ist kein Tod mehr übrig?

Wohlau.
Julie, ich beschwöre dich, du wirst deinen Vater umbringen.

Julie.
Wollen Sie auch sterben? — mein Vater, soll ich Sie auch in Ihrem Blute sehn? — Der Fluch des Lebens ruhet allein auf mir! — ich allein soll übrig bleiben? — auf den Gräbern meiner Freunde? — (hält etwas inne,) Steiget herauf — Entschlafene, Geliebte — — Theurer — Ermordeter — steige herauf — Mein Vater — wo bist du? Julie — Julie ruft — Hier liegt Sie am Grabe und flehet

zu sterben — o öffnet, öffnet das stille Gewölbe — (Hält etwas inne und steht heftig auf.) Ha dort steigt er empor — dort schwebt er hinauf — o wie glänzt er! — ha mein Bräutigam! — nimm deine Julie mit — nimm Sie mit dahinauf, dahinauf —
(fällt ohnmächtig zurück.)

Dalton.
(Wirft sich neben ihr auf die Knie und nimmt ihre Hand, die sie weinend küßt.)

Fr. von Wichmann.
(kommt auch herbey.)

Ach Bruder! Ihr Verstand, Ihr schöner Verstand ist hin.

Wohlau.
Ach! — sterben — sterben wird Sie — (hebt die Hände gen Himmel und weint.) Gnade, Gnade — warum soll ich den Trost meines Alters, meine Freude — mein Kind überleben?

www.ingramcontent.com/pod-product-compliance
Lightning Source LLC
Chambersburg PA
CBHW020104170426
43199CB00009B/388